Ámate a ti mismo

Ilse Sand

Ámate a ti mismo

Una guía para personas altamente sensibles y gente vulnerable

EDICIONES OBELISCO

Si este libro le ha interesado y desea que le mantengamos informado de nuestras publicaciones, escríbanos indicándonos qué temas son de su interés (Astrología, Autoayuda, Psicología, Artes Marciales, Naturismo, Espiritualidad, Tradición...) y gustosamente le complaceremos.

Puede consultar nuestro catálogo en www.edicionesobelisco.com

Colección Psicología
ÁMATE A TI MISMO
Ilse Sand

1.ª edición: enero de 2019

Título original: *Elsk dig selv*

Traducción: *Lorenzo Arroyo*
Maquetación: *Isabel Also*
Corrección: *TsEdi, Teleservicios Editoriales, S. L.*
Diseño de cubierta: *Enrique Iborra*

Edita: Ediciones Obelisco, S. L.
Collita, 23-25. Pol. Ind. Molí de la Bastida
08191 Rubí - Barcelona - España
Tel. 93 309 85 25 - Fax 93 309 85 23
E-mail: info@edicionesobelisco.com

ISBN: 978-84-9111-472-7
Depósito Legal: B-26.412-2019

Impreso en los talleres gráficos de Romanyà/Valls S. A.
Verdaguer, 1 - 08786 Capellades - Barcelona

Printed in Spain

Bienvenido a la segunda edición

El libro ha vendido ya más de 6000 ejemplares en nuestro país y se ha publicado en diez idiomas, incluidos inglés, francés y ruso. Actualmente se está preparando su traducción en otros nueve idiomas más.

Esta segunda edición contiene un nuevo capítulo sobre la investigación de campo. Además, he actualizado la bibliografía. He suprimido una sección en el capítulo sobre la ira, ya que la misma sección se encuentra en mi libro *Find nye veje i følelsernes labyrint* (Encuentra nuevos caminos en el laberinto de los sentimientos). En compensación, ha quedado espacio para nuevas secciones en varios pasajes del libro.

Hald Hovedgård, abril de 2016. Ilse Sand

Agradecimientos

Gracias a:

El psicoterapeuta MPF (miembro de la Asociación Danesa de Psicoterapeutas) y licenciado en teología Bent Falk, al que he tenido el placer de escuchar en diferentes contextos a lo largo de muchos años, y gracias al cual he descubierto aspectos de mí misma que no sabía que existieran. El Capítulo 4 está especialmente inspirado por el licenciado en psicología Niels Hoffmeyer y en el Instituto para el Análisis de la Gestalt, donde durante unos cuantos años, me ejercité y experimenté con diferentes formas de contacto. El Capítulo 8 está especialmente inspirado por el licenciado en psicología Peter Storgård, quien me enseñó la importancia de mantenerse al día en la investigación científica y me mostró el potencial de la terapia cognitiva.

También debo agradecer a todas las personas sensibles con las que he hablado como pastor de almas o en mi consulta de terapia, y a los que habéis estado en mis conferencias o habéis asistido a mis cursos.

Un agradecimiento especial a vosotros, que me habéis dado permiso para incluir vuestras historias en el libro.

Prólogo

El libro está dirigido a personas altamente sensibles y a gente vulnerable. Se dirige también a quienes son parientes de personas sensibles y a quienes se encuentran con ellas como empleadores o terapeutas.

Como pastor y después como psicoterapeuta, he hablado a lo largo del tiempo con muchas personas. Cuando he conversado con personas altamente sensibles, he experimentado una vez tras otra cuánta ayuda llegan a encontrar al oír hablar de este rasgo de carácter. Y cuando he celebrado cursos y he dado conferencias para personas altamente sensibles, he comprobado cuánto significa para ellas escuchar a otras personas sensibles y compartir vivencias y experiencias.

Por tanto, he optado por dar bastante espacio en el libro a declaraciones de participantes en cursos y a clientes que cuentan cómo viven ser altamente sensibles en la Dinamarca actual. Los que se mencionan en el libro son todos altamente sensibles, pero otras personas vulnerables también podrán reconocerse a sí mismas en algunos de los ejemplos.

A menudo he visto a personas encontrar la paz con su sensibilidad, ponerse derechas y obtener mayor coraje para ser ellas mismas. Espero que este libro pueda inspirar aún más en esa dirección.

El primer capítulo describe el rasgo de carácter altamente sensible. Todas las personas son muy diferentes y también lo son las altamente sensibles. Probablemente podrás reconocerte en partes de él, mientras que otras te parecerán extrañas. Si eres una persona sensible que sólo te identificas con algunos de los rasgos descritos, también podrás sacar provecho del libro siguiendo algunas de las indicaciones que se dan en él.

Los capítulos son independientes entre ellos, por lo que se pueden leer en el orden que prefieras. Si encuentras algunos de los capítulos del libro o demasiado teóricos o demasiado livianos, puedes saltártelos sin más.

Al final del libro, puedes probar tu propia sensibilidad en un test danés. También encontrarás una lista de ideas con sugerencias de actividades que te brindarán placer y bienestar si eres de naturaleza sensible. La lista incluye propuestas sobre cómo inspirarte o desafiarte a ti mismo cuando tengas energía, así como sugerencias de actividades que también te sentarán bien cuando estés sobreestimulado.

Introducción

Ser sensible o altamente sensible es tanto una limitación como un don. Durante muchos años estuve más pendiente de la limitación. Me daba cuenta de que, en algunos contextos, podía aguantar menos que la mayoría de los demás. Antes de que leyera sobre el rasgo de carácter altamente sensible, me consideraba a mí misma introvertida.

Cuando impartía cursos en la Folkeuniversitet (Universidad Popular) y en otros contextos, contaba a los participantes que necesitaba una pausa para dirigir mi atención hacia dentro y descansar. Fue recibido con gran respeto. Y siempre había estudiantes que venían y me decían que a ellos también les pasaba y que era agradable oírme decirlo con total franqueza.

Junto a esta limitación, tengo también una riqueza en otros campos. Mi interior es extremadamente productivo. Nunca he experimentado la falta de inspiración o ideas para un curso. Gracias a eso, año tras año he podido atraer a participantes interesados a mis cursos y conferencias.

Muchas personas sensibles tienen baja autoestima. Demostramos que vivimos en una cultura donde los tipos de comportamiento muy diferentes son los que están más valorados. Algunas personas altamente sensibles cuentan que a lo largo de sus vidas han luchado para ser tan «fuertes» como otros esperaban, y sólo cuando se jubilan, experimentan finalmente que sea aceptable ser lento y lánguido.

Probablemente ya sepas que sólo tienes que dejar de preocuparte, volverte un poco más duro y aprender a que te guste lo mismo que a la mayoría de los demás. Puede ser difícil amarse a uno mismo como sensible cuando con frecuencia se te exhorta a que seas distinto. Quizás has intentado transformarte para responder a las expectativas ajenas. En tal caso, necesitas aprender a valorarte tal y como eres. Un paso en esa dirección es que empieces a medirte a ti mismo en términos de calidad y no de cantidad. Es posible que no llegues a tanto como la mayoría de los demás, pero la calidad de lo que haces probablemente sea más alta. Lo que pierdes en amplitud puedes ganarlo en profundidad.

Durante muchos años, me comparé con los demás y experimenté que no era como ellos y estaba avergonzada. He tenido que trabajar conmigo misma para desviar mi atención de lo que no puedo y enfocarme en mis recursos.

Quizás tú también hayas vivido preocupado por lo que no puedes hacer. Y es que es, a menudo, lo más visible. Tal vez no puedas estar «encendido» durante tanto tiempo seguido. Tú mismo te das cuenta de ello, y otros de vez en cuando también: «¿Ya debes irte a casa?». Y entonces es posible que te olvides de alegrarte por el hecho de que en el tiempo relativamente breve que estuviste allí, lograste crear tan buenos contactos que se pueden comparar con facilidad con los que una persona más fuerte puede conseguir en una noche entera.

Espero que este libro pueda ayudar a los altamente sensibles y a otras personas vulnerables a enfocarse más en lo que tenemos y en lo que podemos.

Cita de C. G. Jung:

«Esta mayor sensibilidad es con frecuencia un enriquecimiento de la personalidad... Sólo en situaciones difíciles y desconocidas, la ventaja se puede convertir en un inconveniente a menudo muy grande, donde la reflexión serena se ve perturbada por emociones desproporcionadas. Nada sería más equivocado que concebir esta mayor sensibilidad como un componente inherentemente repugnante de la personalidad. Si fuera así, es probable que se tuvieran que considerar como casos patológicos a aproximadamente una cuarta parte de la humanidad».

C. G. Jung, 1955 (traducción mía)

Capítulo 1

El rasgo de carácter altamente sensible

Dos tipos diferentes dentro de la misma especie

Alrededor de una de cada cinco personas es altamente sensible. Esto no es sólo aplicable a los humanos. Las especies de animales superiores también pueden mostrar dos tipos de caracteres: el tipo altamente sensible y otro más fuerte, que es arriesgado, activo y enérgico.

Por lo que, dentro de la misma especie, además de estar divididos en dos sexos diferentes, hay también dos tipos de caracteres diferentes. Y parece que la diferencia entre estos dos tipos puede ser mayor que la diferencia entre los dos sexos.

El rasgo de carácter altamente sensible no es un descubrimiento nuevo, sino que se le ha conocido con otros términos, por ejemplo, carácter introvertido. La psicóloga e investigadora americana Elaine Aron, quien ha introducido y descrito el concepto de «personas altamente sensibles», cuenta que ella misma creía que introvertido y altamente sensible eran lo mismo, hasta que descubrió que el 30 % de los altamente sensibles son extrovertidos socialmente.

A este rasgo de carácter también se le ha conocido con términos como: inhibido, ansioso o tímido, denominaciones que describen formas de manifestación que el rasgo de carácter puede tener en entornos desconocidos si la persona sensible no tiene suficiente apoyo y respaldo. Todos pasan por alto que aunque podamos tener más problemas en condiciones estresantes, en realidad también podemos ser más felices que otros cuando el entorno es tranquilo.

La investigación ha demostrado que podemos llegar a ser tanto los más infelices como también en buenos entornos prosperar mejor que otros. Un estudio demostró que los niños que reaccionaban más[1] que otros en situaciones difíciles (=niños sensibles) eran más enfermizos y sufrían más accidentes si estaban en entornos estresantes. Pero si los mismos niños se encontraban en entornos normales, entonces resultaban menos enfermizos y tenían menos accidentes que los demás (Boyce y otros, 1995).

Absorbemos más impresiones y reflexionamos más sobre ellas

Las personas altamente sensibles (PAS) tenemos un sistema nervioso de alta precisión. Registramos más matices y en general absorbemos las impresiones con más profundidad. Tenemos una gran creatividad y una viva facultad imaginativa que hacen que las impresiones que vienen desde fuera puedan poner en marcha una variedad de ideas y conceptos. Nuestro «disco duro», de este modo, se llena con más rapidez, y nos sentimos sobreestimulados.

---

1. Medido en ritmo cardíaco y reacción inmunitaria. *(N. del T.)*

Mi propia experiencia es que cuando tengo demasiadas impresiones, siento que no hay espacio en mi cabeza para más información. Si estoy en compañía de extraños, ese momento puede llegar después de media hora más o menos. Puedo concentrarme y seguir escuchando, y hasta fingir que me sigue pareciendo que es agradable, pero entonces consumo bastantes fuerzas y después me sentiré cansada.

A ninguna persona le agrada estar sobreestimulada. Si eres sensible, llegarás a tu límite de cuánta estimulación encuentras agradable más deprisa que otros, por tanto, necesitarás retirarte cuando ocurran muchas cosas a tu alrededor.

Tal vez tú, como Erik en el siguiente ejemplo, hayas intentado conseguir las pausas necesarias a escondidas porque temes que otros te percibirán como flojo, hipersensible, esnob o insociable:

> «Cuando asisto a una fiesta de cumpleaños en familia, voy con frecuencia al cuarto de baño, donde descanso, me miro en el espejo y me lavo las manos con jabón. Cuando alguien quiere entrar al baño, no puedo ocuparlo durante más tiempo, así que jamás logro quedarme completamente satisfecho con esos pocos instantes de paz y tranquilidad. Una vez intenté esconderme detrás de un periódico. Me senté en un rincón y sostuve el periódico delante de mi rostro. Me puse detrás del periódico con los ojos cerrados e intenté encontrar reposo en mí mismo. Mi tío, al que le encanta hacer bromas, se acercó y, de repente, me arrebató el periódico de las manos y gritó: "Vamos, estás aquí escondido", y todos se rieron. Para mí fue muy incómodo».
>
> Erik, 48 años

Tienes menos capacidad de soportar no sólo las malas impresiones, sino también las buenas; incluso una fiesta en la que te diviertes puede, en un momento dado, llegar a ser demasiado, de modo que tienes que retirarte cuando la fiesta está en su apogeo.

Aquí es donde más sufrimos por nuestra limitación. La mayoría de nosotros desearíamos poder aguantar tanto tiempo como otros. Por un lado, es incómodo tener que decepcionar al anfitrión, al que le hubiera gustado que nos quedáramos un poco más. Y, por otro lado, sentimos una pérdida por tener que renunciar al resto de la fiesta. Y tememos que otros nos perciban como aburridos, insociables o descorteses cuando abandonemos la fiesta antes de que se haya terminado.

Este sistema nervioso de alta precisión, que es la causa de que a menudo tú mismo tengas que retirarte de algo que te resulta divertido, es, al mismo tiempo, lo que te proporciona un gran placer.

Impresiones agradables como, por ejemplo, contemplar obras de arte, escuchar música o el canto de los pájaros, oler el aroma de las flores, probar algo delicioso u observar un paisaje magnífico pueden dar lugar a un júbilo interior. Absorbes todo profundamente, y eso puede llenarte de regocijo.

Sensible a las impresiones sensoriales

Si eres altamente sensible, seguro que sabes que es difícil abstraerse de sonidos, olores o impresiones visuales que no te agradan. Es muy posible que puedas ser perturbado e inquietado por impresiones que tú no has escogido y de las que no puedes prescindir. Lo que otros viven como sonidos totalmente corrientes, tú lo puedes vivir como ruidos molestos que desequilibran tu sistema nervioso.

Por ejemplo, Nochevieja. Como altamente sensible, podrás disfrutar de la obra de arte que pueden ser unos fuegos artificiales en el cielo. Es distinto con los estruendos. Entran directamente y estremecen tu sistema nervioso, de modo que por lo general estarás más o menos desequilibrado en los días en torno a Año Nuevo.

Cuando imparto cursos para PAS (personas altamente sensibles) o hablo con ellos en mi consulta de terapia, pregunto por las mejores y las peores vivencias de ser PAS. No es raro que la Nochevieja sea una de las peores. Las explosiones de los fuegos artificiales se pueden vivir como un verdadero infierno de ruido.

También ruidos menos agresivos, como por ejemplo el provocado por las pisadas de un vecino de arriba, pueden ser un problema para los altamente sensibles, pues suelen tener el sueño ligero y se despiertan al menor sonido.

Puede haber lugares a los que tengas que renunciar a ir. Muchos PAS no soportan el frío y las corrientes de aire, por lo que dicen «no, gracias» a fiestas en el jardín. Si vas a la peluquería y están haciendo una permanente a alguien, el olor de los productos químicos suele ser un problema. Puede resultar difícil aguantar una visita a la casa de un fumador. Aunque la persona en cuestión acceda a dejar de fumar durante la visita, incluso el olor a tabaco que impregna cortinas y muebles puede irritar las fosas nasales sensibles. He oído hablar de algunos PAS que tuvieron que abandonar su lugar de trabajo porque la radio funcionaba todo el tiempo y no tenían forma de apagar el sonido.

Los cafés donde se reproduce música a alto volumen de un tipo que no se ajuste a tu gusto también pueden ser un problema. Y a muchos no les agradan tampoco sitios donde la gente está sentada demasiado cerca. De hecho, suele resultar difícil encontrar un café que se adapte a un altamente sensible. Eso puede ser irritante tanto para ti mismo como para quien te acompañe, en especial si ambos estáis cansados y tenéis hambre.

> «Me irrito con frecuencia conmigo misma por ser tan difícil de satisfacer. Desearía poder tomarme las cosas tan a la ligera como otros».
>
> Susanne, 23 años

Como altamente sensibles, no somos buenos para tomarnos las cosas a la ligera. Nuestro umbral de dolor es más bajo, y sufrimos más si nuestro entorno no es adecuado para nosotros.

Influenciables por los estados de ánimos de otras personas

Muchos PAS cuentan que aborrecen estar donde hay discordia. Presenciar una riña, o tan sólo notar que hay un mal ambiente, puede ser estresante.

La ventaja de tener este sentimiento profundo es que somos realmente muy empáticos. Podemos ofrecer una atención intensa. Muchos de nosotros encontramos un empleo dentro del sector asistencial, donde generalmente somos muy apreciados por aquellos a los que ayudamos.

Los altamente sensibles que tienen un empleo asistencial a tiempo completo cuentan que les queda muy poca energía después de una jornada de trabajo. Nuestra influenciabilidad hace que absorbamos los estados de ánimo de otras personas y nos dejemos afectar por ellos. No somos buenos para mantener el sufrimiento de otras personas fuera de nosotros mismos, y puede que nos cueste dejar a un lado nuestro trabajo cuando llegamos a casa.

No hace falta decir que debes protegerte bien si trabajas con personas. De lo contrario, el riesgo de padecer estrés será grande.

Se me pregunta a menudo si no se puede aprender a dejar de ser tan influenciable. Como altamente sensible, estás equipado con algunas antenas de alta precisión, de modo que percibes muy claramente lo que sucede a tu alrededor. A veces, yo misma desearía poder hacer un nudo a mis antenas para que las impresiones no entren en mi sistema, que pudiera hacerme ciega, sorda e insensible. No creo que se pueda. Pero lo que puedes hacer es tomar conciencia de cómo piensas acerca de lo que sientes.

Si aprecias mal humor en una relación, supone una gran diferencia si piensas: «Esta persona probablemente está enfadada conmigo, ¿qué haré mal?» o «Esta persona probablemente está frustrada porque le falta aprender a encargarse de sus propias necesidades». Si eres proclive a pensar como en el primer ejemplo, los estados de ánimo percibidos llegan a ser mucho más estresantes de lo necesario. Puedes leer más sobre cómo los sentimientos y los pensamientos están íntimamente ligados en el Capítulo 8.

En buenas condiciones, tu sensibilidad frente a tu entorno es un gran recurso. Mira lo que dice Susan Hart, psicóloga y experta en el sistema nervioso:

> «Un bebé que reacciona sensiblemente al entorno será más sensible frente a estímulos... Si los niños son criados en un ambiente seguro y con muchos cuidados, esto puede traer consigo compromiso, empatía, alegría, interés y armonización con el entorno».
>
> Susan Hart, 2009

Los niños sensibles con buenas condiciones de crecimiento llegan a vivir la sensibilidad preferentemente como una fuerza. E incluso si no has tenido apoyo y cuidados óptimos en la infancia, puedes ahora de adulto aprender a darte apoyo a ti mismo y organizar tu vida de un modo que los aspectos positivos de tu sensibilidad puedan desarrollarse y convertirse en un gran recurso.

Sensatos

Un estudio demostró que niños inhibidos (sensibles) a la edad de cuatro años eran menos proclives a hacer trampas, infringir reglas o comportarse de manera egoísta, aun cuando estaban seguros de que nadie los veía. Además, proporcionaron respuestas más competentes socialmente en dilemas morales (Kochanska y Thomspon, 1998).

Muchos PAS son extremadamente sensatos e inclinados a asumir responsabilidades. Con frecuencia hemos percibido desde bastante pequeños cualquier mal humor y hemos intentado hacer algo:

> «Cuando percibía que mi madre estaba triste, hacía todo lo que podía para evitar de algún modo importunar. Reflexionaba mucho sobre cómo podía mejorar su vida. Un día decidí que sonreiría a todos con los que me encontrara. Me imaginaba que otras personas entonces admirarían a mi madre porque era tan buena educando hijos».
>
> Hanne, 57 años

Cuando percibes mal humor, seguramente sentirás la necesidad de intervenir y asumir la responsabilidad, y a menudo trabajar de inmediato horas extra para mejorarlo.

Quizás escuches las frustraciones de las partes implicadas, intentes decir algo positivo o plantees una solución. Después es muy posible que te sientas agotado y tengas que marcharte de la fiesta para irte a casa mientras que los demás en seguida se recuperan de la discusión surgida y continúan de fiesta.

Si es buena idea implicarse y asumir la responsabilidad, puede ser diferente de una situación a otra. El problema es que es difícil ser indiferente porque el mal ambiente te influye sobremanera y tu sistema nervioso se desequilibra.

Por otra parte, no puedes seguir asumiendo la responsabilidad de todo el mundo. Y cuando asumes la responsabilidad *por* algo, asumes, al mismo tiempo, la responsabilidad *de* otro. Y en algunas situaciones, lo mejor que le puede pasar al otro es que cargue con su responsabilidad él mismo y aprenda de sus errores.

> «Después de haber aprendido, en la mayoría de los casos, a abstenerme de asumir responsabilidades ajenas, he obtenido más excedente de energía para estar en el mundo».
>
> Egon, 62 años

Es difícil que los PAS sean la causa de que otros lo pasen mal, ya que nos esmeramos en el contacto. Otras personas más fuertes no piensan tanto antes de hablar o actuar. Eso, en cambio, no suele ser lo habitual en alguien altamente sensible. Oigo a menudo de PAS que están escandalizados por un comentario hiriente, o tan sólo irreflexivo, que alguien les ha dicho, como si creyeran que todos los demás se esmeran lo mismo que ellos en pensar todo lo que dicen. La mayoría de los otros no lo hacen. Y es mejor para nosotros prepararnos para ello antes de resultar conmocionados una vez tras otra.

Está claro que el cuidado que probablemente tienes te hace lento y poco espontáneo en el trato. Sabes que con seguridad te llevarás la peor parte en las discusiones porque algunas veces hasta el día siguiente no puedes darte cuenta de qué tendrías que haber dicho o hecho.

Es importante para mí que se diga que los altamente sensibles no *siempre* somos cuidadosos, sensatos y empáticos. Cuando estamos sobreestimulados, nos volvemos, al contrario, irreflexivos, y a veces resulta difícil estar en nuestra compañía.

Una rica vida interior

Muchos altamente sensibles hablan sobre una rica vida onírica, una buena facultad imaginativa y una viva fantasía. Yo misma rara vez me aburro cuando estoy sola. Es una gran ventaja. No dependo de que otras personas deban entretenerme, y eso me da libertad para ser yo misma.

Y cuando personas que van a toda velocidad con muchas actividades algunas veces entran en crisis si se quedan sin empleo o se jubilan, oigo de altamente sensibles que por lo general ven la libertad adquirida como un gran regalo. Aprovechan la oportunidad para desenvolverse creativamente o tan sólo disfrutar de la vida a un ritmo lento.

No hace falta mucho para inspirarnos. Algunos PAS cuentan que pueden tener miedo de sentirse inspirados, porque viven la inspiración como una fuerte demanda interna. Una llamada a ponerse manos a la obra en seguida a la que es difícil desobedecer.

> «Me encanta pintar, pero algunas veces casi puede ser una carga cuando veo una nueva imagen ante mi mirada interior. Mi excitación interna aumenta y vivo una presión por dentro, como si la imagen sólo quisiera aparecer en el lienzo y yo no pudiera ir lo suficientemente deprisa».
>
> Lise, 30 años

Una inspiración tan potente, desde luego, puede valer su peso en oro si se descubre cómo manejarla de manera constructiva. Muchos PAS crean arte en uno o en varios géneros. Yo misma intento reprimir mi fuente de inspiración después de las 22:00 horas. Una nueva idea en ese momento puede quitarme con facilidad mi sueño nocturno.

Los altamente sensibles tienen un límite más fino entre lo consciente y lo inconsciente. Por tanto, tenemos un acceso más fácil a material inconsciente, lo que se vuelve evidente en nuestra creatividad y en nuestra vida onírica.

Interés espiritual natural

Muchos altamente sensibles creen que hay un contexto mayor del que los humanos somos una pequeña parte. Tienen con frecuencia una veneración por la naturaleza y una buena relación con animales y plantas. Algunos buscan instituciones religiosas, como, por ejemplo, la iglesia, un centro de crecimiento personal u otra comunidad de fe. La mayoría forman, sin embargo, sus imágenes conceptuales totalmente propias y entresacan lo que sienten correcto de muchos sitios.

Nuestra relación con Dios, lo divino, nuestro espíritu protector, o como llamemos nosotros a aquel al que nos dirigimos, es con frecuencia totalmente privada. Nosotros mismos contactamos y no necesitamos que deba pasar por un sacerdote u otro líder religioso o maestro de rituales. Mantener una conversación con algo que se percibe más grande que nosotros mismos se siente como algo natural para la mayoría de los altamente sensibles, aunque no sea un tema sobre el que hablemos demasiado.

Una estrategia distinta

Puedes afrontar cualquier nueva situación de dos modos diferentes. Puedes empezar a investigar y experimentar. Y también puedes esperar, observar y recapacitar a fondo antes de hacer algo.

Algunas personas y animales usan la primera estrategia; son rápidos, impulsivos, audaces y aventureros. Otros utilizan más la segunda; son vigilantes, prudentes y observan durante bastante tiempo antes de ponerse manos a la obra.

Cada una de las dos estrategias es buena en diferentes situaciones. Si una manada de conejos llega a un nuevo prado en el que hay poca hierba y pocos depredadores, los animales que emplean la primera estrategia tienen mayores posibilidades de sobrevivir, pues son los que más deprisa llegan a su destino y quizás logren comerse todo el verde antes de que los conejos más prudentes se aventuren en el campo. Si la situación es, en cambio, a la inversa, es decir, hay un montón de hierba y muchos enemigos, la estrategia número dos es la más adecuada. Los conejos rápidos y valientes que primero se aventuran en el campo son quizás devorados por depredadores. Los más prudentes logran descubrir el peligro antes de que sea demasiado tarde.

El hecho de que dentro de cada especie haya dos tipos diferentes de individuos, cada uno con su estrategia, sirve a la supervivencia de la especie. Algunas veces los más prudentes pueden llegar a advertir al resto de la manada, de modo que todos sobreviven. Otras veces sobreviven sólo los más rápidos, porque los prudentes mueren de hambre. Pero, de este modo, sigue habiendo algunos para continuar la especie.

La estrategia prudente es algo característico de los PAS. Observas y reflexionas antes de hablar o actuar. Seguramente, antes de entablar una conversación, algunas veces ya habrás pensado varias jugadas por delante: «Si ahora responde que no, procederé así o así, y si entonces se alegra, yo…». Y antes de emprender un proyecto, por lo general habrás meditado bien todas sus posibles consecuencias.

Los PAS son a menudo bastante buenos para imaginarse nuevas posibilidades, pero también lo que puede salir mal. Seguramente que eres capaz de reflexionar de forma minuciosa sobre una situación antes de aventurarte en ella. Esta facultad te ahorra muchos errores y accidentes. El inconveniente es que eres lento con el gatillo y puedes llegar a gastar mucho tiempo preocupándote por los posibles peligros.

Cuando debo impartir un día completo de clase, medito todo a fondo con antelación. Intento imaginarme todos los posibles percances y trazo un plan B para lo que haría si ocurriera uno de ellos. Una persona más fuerte no precisa hacer preparativos tan exhaustivos. Su carga no vuelca tan fácilmente, aunque las cosas no salgan del todo como se habían planeado.

Para mí, un día de clase requiere toda la energía que tengo. No tengo excedentes de energía para usarla también en imprevistas sorpresas desagradables. Y, por tanto, tiene sentido para mí meditarlo todo tan a fondo con antelación.

Es bueno tener la capacidad para prever peligros y tenerlos en cuenta. No todos la tienen. Y los que carecen de ella salen malparados más a menudo. El inconveniente de tenerla es que se puede llegar a estar preocupados crónicamente.

Quizás sabes lo que es dar vueltas y estar tenso. En tal caso, necesitas aprender a desconectar de vez en cuando. Los ejercicios de relajación y meditación pueden servirte de ayuda. Es probable que a menudo te hayan pedido que no te preocupes y que simplemente tomes las cosas como vienen. Pero reflexionar antes de hablar o actuar es sabio cuando eres altamente sensible. Por lo general, no te puedes permitir consumir demasiada energía en equivocaciones, ya que no tienes cantidades ilimitadas de ella. Merece la pena evitar riñas innecesarias, pues pueden desequilibrar tu sistema nervioso durante bastante tiempo. Lo mismo respecto al frío, el hambre y la sed, por los que sueles sentirte mucho más influido que otros.

Lento y ponderado

Los altamente sensibles son capaces de ver un asunto desde muchos ángulos diferentes. Es una de las razones de que necesites reflexionar más tiempo sobre las cosas que la mayoría de los demás. A cambio, lo que dices o haces, la mayoría de las veces, es algo sumamente bien meditado y original. Muchos autores, artistas y librepensadores son altamente sensibles.

> «No alcanzo a comprender cómo algunas personas pueden tomar una decisión de un momento a otro. Cuando celebramos una reunión en mi trabajo, a menudo me cuesta saber justo en ese momento qué opino y qué decisiones prefiero. Prefiero consultarlo con la almohada y meditarlo un poco en soledad.
>
> »Al principio lo pasaba mal porque retrasaba los procesos de decisión. Pero ahora todos nos hemos acostumbrado a que es así como funciono. Cuando luego vuelvo, experimento, en compensación, que mis colegas tienen gran respeto por mis puntos de vista e ideas completamente reflexionados y formulados con precisión».
>
> Jens, 55 años

Ser altamente sensible es lo contrario a ser impulsivo. Pero algunos PAS experimentan que, cuando están sobreestimulados y no tienen posibilidad de retirarse, pueden llegar a estar tan desesperados que revientan de rabia o tan sólo hacen algo impulsivamente para poder salir de una situación en la que se sienten incómodos. Una de tales acciones impulsivas puede ser, por ejemplo, presentar la renuncia a su empleo, romper una amistad, llamar por teléfono a casa y reprender a sus ancianos padres, beber cantidades exageradas de alcohol o comer en exceso.

En este sentido, los altamente sensibles pueden llegar a parecerse a personas con un trastorno límite de la personalidad. La diferencia es que no pasará mucho tiempo antes de que el PAS se arrepienta de su acción impulsiva, en particular si ha constituido una molestia para otros. Y, además, donde las personas con un trastorno límite de personalidad con frecuencia tienen propensión a la ira, los altamente sensibles serán más proclives a la culpa y a sentimientos de vergüenza.

Como altamente sensible, de mala gana harás algo indebido. Cuando, no obstante, llegues a hacer daño a otra persona o a un animal, es muy probable que te sientas afligido por ello y que quizás te recrimines a ti mismo durante mucho tiempo después.

Sensibles que buscan novedades

Muchos de los altamente sensibles utilizan la estrategia ponderada. Dan prioridad, la mayoría de las veces, a la seguridad frente a la emoción, y se complacen en lo que conocen bien. Algunos PAS son, sin embargo, aventureros, y les gusta ir de exploración. Si tienes facilidad para llegar a aburrirte y, al mismo tiempo, también para estar sobreestimulado, eres probablemente un sensible que busca novedades. En este sentido, es un verdadero desafío encontrar el equilibrio.

Como sensible que busca novedades, te aburren las repeticiones y te vuelves inquieto cuando hay demasiada rutina. En cambio, vas con gusto a por vivencias emocionantes. Por lo general, tendrás ganas de salir de viaje, y preferiblemente a sitios donde no has estado antes.

Puede parecer que los altamente sensibles que buscan novedades se crean problemas ellos mismos. A pesar de que te sobreestimulas con facilidad, vas a buscar nuevas impresiones y te agotas. A continuación, muchos PAS que buscan novedades tienen una propensión a recriminarse a sí mismos. No hay ninguna razón para ello. No puedes remediar tu deseo de novedades, y es un equilibrio muy difícil. Es en cierto modo como conducir un coche con un pie en el acelerador y el otro en el freno.

Introvertido o extrovertido

El 70 % de todos los altamente sensibles son introvertidos, mientras que el 30 % son extrovertidos. Cuando digo a un cliente que creo que él o ella es introvertido, suele expresar muchas protestas: «No, porque no soy uno de esos que siempre prefiere estar quieto y quedarse encerrado solo».

Ser introvertido casi se ha convertido hoy en un calificativo injurioso. La gente lo asocia a ser una persona que es cerrada y no se interesa por otros seres humanos, que prefiere quedarse sola y se toca el ombligo o se comporta como alguien obseso delante del ordenador.

Según Jung, una persona introvertida es un ser humano que se interesa más por la vida interior que por el mundo material. Y hay que advertir que no es exclusivamente la propia vida interior de la persona. También puede ser la ajena.

Si eres introvertido, te aburrirás si la conversación trata durante bastante tiempo de algo material en un plano superficial. La charla sobre temas triviales la encuentras agobiante, pero llevas de buena gana conversaciones profundas, especialmente entre dos personas o en un grupo pequeño en el que compartís algún interés común. No deseas estar en grandes grupos, sino que escoges más bien contextos menos numerosos, pues exigen menos de ti.

Si eres un altamente sensible extrovertido, no serás extrovertido sin límites. Necesitas bastante tiempo de soledad y clasificas las impresiones igual que los sensibles introvertidos.

Cuando los PAS se confunden fácilmente con los introvertidos, es porque los dos rasgos de carácter tienen algo en común. La rica vida interior y la reflexión más profunda que tienen los altamente sensibles son exactamente lo mismo que Jung describió para el rasgo de carácter introvertido.

Ni a introvertidos ni a sensibles les hacen falta muchas vivencias. Tienen una rica vida interior y se alimentan de sus propios pensamientos y fantasías. Gastan mucha energía en reflexionar y en elaborar impresiones.

Al mismo tiempo, se ha descubierto que algunos PAS tienen tanto la profundidad del introvertido como, a la vez, son socialmente extrovertidos, y tienen una buena relación con muchas personas. Éstos suelen haberse criado con muchas personas, de modo que sienten seguro y acogedor estar entre muchos. Quizás se han criado en un gran grupo de hermanos, en una escuela superior o en un colectivo. Otra razón para que los altamente sensibles puedan llegar a ser extrovertidos socialmente puede ser la presión social. Si has crecido en una familia en la que sólo fuiste valorado cuando eras atrevido y extrovertido, puedes haber adquirido esta conducta por aprendizaje.

El hecho de que el 70 % de los PAS sean socialmente introvertidos tiene bastante sentido, porque es más fácil reflexionar con profundidad en grupos más pequeños, y porque no se sobreestimulan tan fácilmente en contextos menores.

Ser PAS y extrovertido es un desafío especial. La frustración puede llegar a ser grande, porque el extrovertido altamente sensible tiene ganas de mucha más sociabilidad de la que la persona en cuestión puede aguantar.

Es, sin embargo, una frustración que los introvertidos comparten, sólo que en menor grado.

Ventajas e inconvenientes de las divisiones en tipos

Rara vez se podrá encontrar un tipo determinado en el que alguien encaje al cien por cien, por lo que se deberían describir tantos tipos como personas hay. Para llegar a encajar en uno de ellos, olvídate de los aspectos de ti mismo que no cuadran totalmente. Cuando te identificas con un determinado tipo, puede conllevar que llegues a encasillarte tú mismo en un determinado papel, de modo que olvides del todo que, hasta cierto punto, puedes crecer y cambiar.

Una descripción de los distintos tipos puede enfocar cuán diferentes son las personas en la realidad. Si no nos damos cuenta de ello, creemos fácilmente que todos los demás son como nosotros mismos. Y cuando hacen algo diferente a lo que nosotros habríamos hecho en la misma situación, pensamos que debe haber algo que se haya opuesto. Antes de que yo llegara a ser consciente de los diferentes tipos, pensaba que las personas que tenían montones de energía y que iban a toda velocidad debían sentir algo que no se atrevían a notar. Algo de lo que huían. Ahora pienso que sólo funcionan de un modo totalmente distinto al mío.

Los extrovertidos que no se dan cuenta de la diversidad de rasgos de carácter suelen pensar sobre los introvertidos que son reservados, no interesados en otros, egoístas y avaros con su tiempo. Si el introvertido prefiere quedarse solo una tarde en lugar de pasarla en compañía de su pareja extrovertida, la pareja obtiene fácilmente la impresión de que tiene que haber algún problema, porque no se identifica para nada con que pueda ser agradable estar solo durante bastante tiempo. Darse cuenta de los diferentes tipos ayuda a muchas parejas a comprenderse mejor.

Capítulo 2

Altos criterios y baja autoestima

Normas de conducta personales

No siempre somos conscientes de las reglas que nos hemos impuesto. Quizás son las normas de conducta del padre o de la madre. Tal vez las hemos formado nosotros mismos en un momento anterior de nuestra historia.

Con las normas de conducta ocurre algo parecido a comer con cuchara. Cuando lo estás aprendiendo, al principio tienes que reflexionar y ejercitarte en cómo sujetas la cuchara, cómo debes darle la vuelta y cómo aciertas en la boca. Sólo si lo has aprendido, lo haces todo de forma automática y ya no reflexionas sobre cómo lo haces.

Quizás vives totalmente en modo automático según algunas reglas que aprendiste una vez y de las que ya no eres consciente. El problema es que puede que las reglas estén desfasadas y ya no sean convenientes.

Para los altamente sensibles, socializar durante bastante tiempo puede ser un desafío en sí mismo, por lo que, si al tratar con otros intentas vivir conforme a unas normas de conducta antiguas e inflexibles, que para ti probablemente serán más estrictas que las que fijas para otros, te cansarás más pronto. A continuación hay una serie de ejemplos de normas de conducta problemáticas con las que me he encontrado en los altamente sensibles.

- Tengo que hacer mi mayor esfuerzo en cada situación y preferiblemente un poco más.
- Tengo que asegurarme de que los demás no descubran mis debilidades.
- No tengo que ser egoísta.
- Siempre debo prestar mucha atención a las personas con las que estoy y asegurarme de que se lo pasen bien.
- Es descortés prestar atención a uno mismo cuando hay otras personas presentes.
- No tengo que cometer ningún error.

Altos criterios

Como altamente sensibles, tenemos por lo general un alto criterio de lo buenos que debemos ser nosotros mismos. Se pueden tener altos criterios, por ejemplo, en los siguientes campos:

- Afán de ayudar.
- Hospitalidad.
- Discreción.
- Atención.
- Consideración.
- Responsabilidad.
- Interés por los demás.

Quizás tengas algunas normas de conducta que exijan que debas estar al cien por cien de todo la mayor parte del tiempo para ser bien visto por ti mismo. En tal caso, será difícil relajarte y fijar límites, porque cada vez que pones un límite, entras en conflicto con tus normas de conducta y con tu imagen de ti mismo.

Autoestima o confianza en uno mismo

Se puede distinguir entre confianza en uno mismo y autoestima del siguiente modo:

- Confianza en uno mismo es confianza en lo que puedes y haces.
- Autoestima es una sensación de tu propio núcleo interior y la fe en tu propia valía.

Rara vez encontramos a una persona que tenga alta autoestima y al mismo tiempo poca confianza en sí misma. Las personas con un buen concepto de su propia identidad encuentran algunos desafíos en la vida que son adecuados para ellos y que les dan oportunamente experiencias de éxito.

En cambio, encontrar personas que tienen gran confianza en sí mismas y baja autoestima es algo muy corriente. Las personas con bajo concepto de su propia identidad suelen, como compensación, trabajar con más ahínco que otras, y pueden llegar a ser muy competentes dentro de diferentes campos. Un empleado eficiente en un puesto de trabajo puede ser plenamente consciente de su propio conocimiento y avanzar con confianza en lo que se refiere a lo profesional. Pero al mismo tiempo, puede, en el fondo, estar inseguro de que sea lo suficientemente bueno para que otras personas lleguen a quererle de verdad.

¿Por qué los altamente sensibles a menudo carecen de confianza en su propia valía?

Los criterios exigentes guardan relación, por regla general, con la baja autoestima. Seguramente han surgido como una compensación. Es muy probable que cuanto menos creas que eres digno de amor, tanto más utilizarás estrategias compensatorias.

Puede que haya varias causas de que los altamente sensibles con frecuencia carezcan de confianza en su propia valía:

- Hemos crecido en una cultura en la que no cumplimos con las normas de cómo las personas deberían comportarse de forma perfecta. A algunos altamente sensibles ya desde niños se les ha dicho que tienen una mente difícil.

«Mi madre me decía que yo era demasiado sensible».

Inger, 50 años

- Algunos de nosotros, desde que nacimos, hemos resultado molestos para nuestro entorno, y el padre o la madre, de vez en cuando, se quejaba de nosotros. Eso, con total seguridad, no ha pasado inadvertido para nosotros. Lo que a un niño más fuerte no se le grabaría de forma especial en la mente, se puede fijar en la conciencia del niño altamente sensible como un aterrador conocimiento de ser causa del agotamiento de otro.
- Somos buenos en juzgarnos a nosotros mismos. Una parte de nuestra estrategia preferida, que tiene por fin intentar

prever lo que pueda salir mal, puede hacernos que escudriñemos si hay algo criticable en nuestro comportamiento. Y es que, en tal caso, preferiremos recriminarnos a nosotros mismos antes que arriesgarnos a que otros nos sorprendan con una crítica imprevista.

«Si alguien me critica, reflexiono sobre ello durante mucho tiempo. Incluso si siento que la crítica no es acertada, sigo preguntándome si puede haber algo de eso, y me digo a mí misma que quizás el problema está sólo en mí, que no me gusta oírlo».

Janne, 31 años

- A menudo llevamos las cargas ajenas a las que hemos aspirado desde que nacimos. Un ejemplo de ello puede ser el siguiente relato breve:

«Siempre he tenido la sensación de que era culpa mía que mi madre no fuera feliz. Me avergonzaba de que yo no lograra hacer que desapareciera su estado depresivo, y pensaba que tenía que ser yo la que no valía».

Ida, 52 años

Baja autoestima y criterios altos se mantienen mutuamente

Quizás has pensado más o menos inconscientemente algo parecido a esto:

«En mi empresa, resulto molesto, pero si hago un esfuerzo extra para alegrar a los demás, no me abandonarán. Entendido: si no hago ese esfuerzo extra, me quedaré solo».

O bien:

«Básicamente, soy alguien a quien nadie podrá amar, pero si hago un esfuerzo extra, se me permitirá participar en la comunidad humana. Entendido: si no hago todo lo posible, seré abandonado por todos».

La baja autoestima y los criterios exigentes pueden mantenerse mutuamente. Si piensas sobre ti mismo que no puedes ser amado y no preparas estrategias compensatorias, en algún momento experimentarás que tu suposición no se sostiene. No podrás evitar toparte con algunas personas a las que precisamente les guste una persona como tú. La realidad, entonces, te permitirá corregir ese pensamiento erróneo sobre ti mismo.

Si, por el contrario, tienes criterios exigentes y percibes que alguien te quiere, no podrás saber con certeza si se debe a que usas estrategias compensatorias, si es tu afán de ayudar lo que les gusta o si eres tú al que quieren. De este modo, se puede mantener la suposición de que no puedes ser amado. Aunque te sientas amado una vez tras otra en tu vida, quizás te dices a ti mismo en el fondo de tu corazón que el amor de los demás sólo puede ser a causa de tus criterios exigentes, y no por ti. Como cuando una clienta, a mi pregunta de si cree que ella es apreciada por mí, responde: «Sí, pero para eso pago».

Oigo con frecuencia a los clientes que dicen: «¡Qué buena sensación me produce darte dinero para estar aquí! Así no hace falta que esté tan ocupado en complacer o en resultar interesante».

Muchas personas pagan para participar en la comunidad humana. Se puede, por ejemplo, pagar con una atención y un afán de ayudar que van más allá de lo habitual. Si eres de los que pagan, jamás podrás saber con certeza si es ese pago lo que gusta o si es a ti a quien quieren. De este modo, la baja autoestima puede prosperar a pesar de las buenas experiencias.

Los criterios exigentes influyen, asimismo, en la autoestima en sentido negativo, porque una y otra vez llegas a decepcionarte a ti mismo. Te agotas porque las exigencias que te impones son demasiado elevadas. Y si además luego tienes propensión al autorreproche, entras fácilmente en un círculo vicioso.

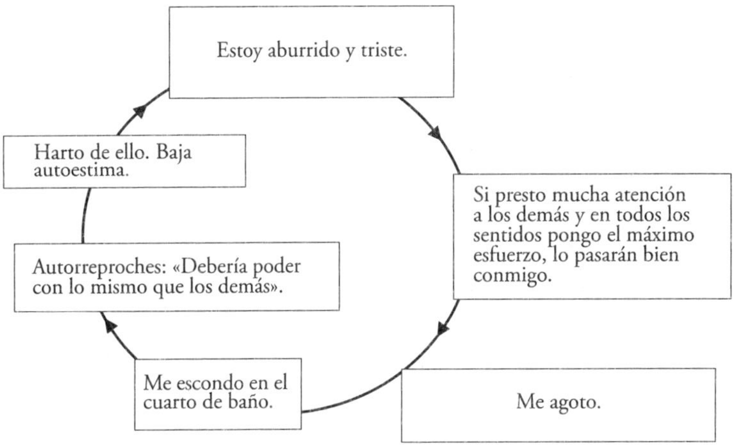

El círculo vicioso

Si tienes criterios exigentes, es muy importante que los rebajes. De no ser así, vas a sobrecargarte tú mismo. Con sólo enfocarte en tus propias normas de conducta, pondrás en marcha un proceso, y luego nada más tienes que practicar. Si te atreves a quebrantar tus propias normas de conducta, la mayoría de las veces experimentarás que no ocurren todas las catástrofes que creías que sobrevendrían por quebrantarlas. Y cada vez que tengas la impresión de que eso es posible, sin estar a la altura de tus altos criterios, se fortalece tu lado menos perfeccionista y más relajado.

Quebrantar tus normas de conducta y rebajar tus exigencias te permitirá disfrutar de la experiencia de gustar a la mayoría de las personas, al contrario de lo que te dice tu ansiedad. Sí, algunos probablemente te contarán que ahora te has vuelto más relajado, más afable, y que, por lo tanto, resulta más agradable estar en tu compañía.

La experiencia de ser uno mismo sin tener que dar constantemente algo a cambio tendrá de nuevo un efecto positivo en tu autoestima. Rebajar tus exigencias, al mismo tiempo, te proporcionará más energía para tratar con los demás. Estás entrando en un círculo virtuoso.

Difícil rebajar las exigencias

Si la mayor parte de tu vida has pagado un alto precio, estarás ansioso por dejar de pagar. Puedes practicar dando pequeños pasos. Si siempre sueles decir que sí cuando alguien te pide que le ayudes en algo, entonces prueba de vez en cuando a decir que no. También puedes comenzar simplemente limitando un poco tus esfuerzos: «Sí, me gustaría cuidar a tus hijos, pero sólo hasta las 21:00 horas, porque también hay otra cosa que me gustaría hacer».

Si temes ser abandonado por rebajar tus exigencias, tus temores, en ciertos casos, pueden ser realistas, ya que no es inimaginable que algunos de tus amigos te hayan escogido como amistad precisamente porque es fácil y cómodo tener un amigo muy servicial, atento y considerado, y quizás pierdan el interés por ti si aflojas en tu servicio.

Es buena idea ajustar cuentas contigo mismo antes de que te pongas a ver si estás preparado para perder amigos. La pregunta es si te crees que vale la pena luchar por mantener amigos que sólo te han escogido porque es fácil estar en tu compañía, o si te atreves a aprovechar la oportunidad y ver si hay algo más que eso. No es probable que todos tus amigos te abandonen. Algunos quizás. Pero eso, en compensación, te dará más tiempo para mirar a tu alrededor en busca de amigos más verdaderos, a los que les puedas gustar por lo que eres y no sólo por lo que haces por ellos.

La angustia de ser abandonado

Dejar a un niño pequeño solo o al cuidado de extraños será más desastroso para un niño altamente sensible con un sistema nervioso delicado que para otro más fuerte. Eso puede contribuir a aumentar la angustia del niño pequeño.

Algunas veces quizás no te des cuenta totalmente de que te has convertido en adulto. Es posible que sigas teniendo el mismo miedo a ser abandonado que cuando eras niño, como si todavía siguieras siendo pequeño, indefenso e incapaz de sobrevivir solo.

Los niños pequeños necesitan cierta cantidad de cuidados cariñosos. De lo contrario, mueren. Pero las personas adultas pueden sobrevivir completamente solas durante décadas en islas desiertas. Puede disminuir tu angustia si recuerdas que la infancia ha pasado, sobreviviste, y ahora la vida ya no es, ni mucho menos, tan peligrosa.

Sin embargo, la ansiedad puede asentarse tan profundamente en el cuerpo que sólo las nuevas experiencias pueden penetrar y marcar la diferencia. Cuando las palabras no surten efecto, hacen falta experiencias.

«Había decidido que dejaría de ser tan complaciente en mi trabajo. Como un paso en esa dirección, le diría a mi compañera de oficina cuánto me molesta que hable alto por teléfono. Estuve en vela la mayor parte de la noche. Muchos posibles escenarios pasaron por mi cabeza. Me imaginaba que ella se levantaría enfadada, entraría en el despacho de nuestro director y le pediría que le cambiaran de compañera de oficina. Toda la mañana estuve esperando una oportunidad para conseguir decirlo, pero cada vez que teníamos un descanso, no me atrevía de ninguna forma. Durante la pausa para el almuerzo, salí a caminar, y cuando regresé, respiré hondo y dije lo que había planeado. Mi corazón latía con fuerza y me costaba respirar. Se hizo un gran silencio, y yo no me atrevía a levantar la mirada. Los segundos fueron largos. Entonces ella dijo: "Creo que deberías haberlo dicho antes, pero me alegro de que lo digas ahora". Nos planteamos juntas cómo solucionarlo. Se convirtió en una buena experiencia. Pude notar que después de eso llegué a apreciarla más, y creo que a ella en realidad le pasó lo mismo conmigo. Empezamos a compartir más ideas que antes».

«Esta experiencia realmente me puso los dientes largos. Después me fui a casa y conté a mi marido cuánto me molesta que encienda la luz cuando se levanta por la noche».

Line, 43 años

Cuando consigues deshacerte de esas normas de conducta que no son convenientes, obtienes más espacio para ti mismo. Tus posibilidades de acción se multiplican, porque ya no te dejas limitar por reglas inflexibles.

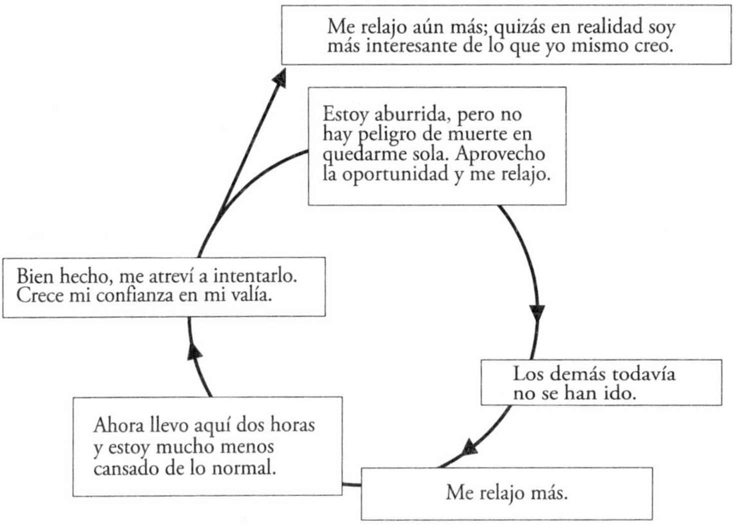

El círculo virtuoso

Aprovecha la oportunidad

Muchos aguardan una vida entera hasta tener la suficiente confianza en su propia valía para atreverse a aprovechar la oportunidad y dejar de pagar un alto precio. Un camino más rápido es aprovechar la oportunidad antes de que tengas la fe. En ese caso, la fe llega después, pero puede ser como tirarse al vacío.

Si haces mucho esfuerzo para ser digno de amor, tu tarea es parar de hacerlo. Si te esfuerzas demasiado para ocultar los aspectos de los que crees que otros se distanciarán, tu tarea será la misma.

Es posible que en el fondo tengas el sueño de ser amado exactamente como eres y sin necesidad de ganarte el amor. La primera condición para que este sueño se pueda realizar es que tengas coraje y muestres quién eres.

Relaja la frente, aunque temas que todos se larguen gritando si realmente supieran… Exponte a aquello de lo que tienes miedo. Aprovecha la oportunidad de ver si puedes tener la experiencia de que no todos se largan, algunos incluso se acercarán más a ti.

Cuando dejas de esforzarte para ser tan bueno como crees que otros esperan y empiezas a mostrar más de ti mismo, estás adquiriendo experiencias nuevas y más optimistas, las nuevas experiencias de que en realidad no se te expulsa de toda la comunidad humana, de que hay algunos que continúan queriéndote aunque muestres tus aspectos menos perfectos. Estas nuevas experiencias surtirán efecto como antídoto contra la angustia, y aumentarán tu coraje para ser como eres. Al mismo tiempo, obtendrás más energía en el contacto con otros, por lo que llegarás a soportar el trato social durante bastante tiempo.

Capítulo 3

Organizar tu vida según tu tipo

Busca tu espacio

Para disfrutar al máximo de tu sensibilidad, es importante que crees tu espacio. Tener que decir que no a algo que, en otras circunstancias, te gustaría es una pérdida. Si no creas un espacio en tu vida para disfrutar de las ventajas de ese rasgo de carácter, las pérdidas se volverán demasiado pesadas. Según tus gustos, éstas pueden ser algunas de las actividades para las que debes conseguir espacio:

- Disfrutar de la naturaleza.
- Ser creativo.
- Tiempo para tan sólo sentarte y filosofar.
- Hacer algo bueno para tu cuerpo: correr, bailar, recibir masajes, nadar, tomar un baño o simplemente un baño de pies.
- Dar algo agradable a tus sentidos: comprar flores fragantes para ti mismo, procurar tomar comida deliciosa, colocar a tu alrededor algunas cosas que disfrutes mirando, escuchar música que te guste.

- Estar en compañía de animales.
- Escribir un diario, poemas o libros.
- Mirar o incluso crear arte.
- Cultivar las relaciones profundas y el contacto de calidad.
- Obtener más inspiración para ocupaciones que dan placer y bienestar a los altamente sensibles de la lista que hay al final de este libro.

Para crear espacio a lo que es bueno para ti, hay algo a lo que tendrás que decir no.

Establecer límites

Es importante ser capaz de decir que no. Si te cuesta fijar límites, es fundamental que logres aprenderlo. De lo contrario, posiblemente darás vueltas y estarás más o menos sobreestimulado la mayor parte del tiempo. Cuando es difícil para los altamente sensibles fijar límites es, entre otras cosas, porque nuestro umbral es más bajo que el de otras personas. Lo que es un asunto fácil para alguien más fuerte puede ser un problema para nosotros.

> «Cada dos meses me encuentro con una compañera de entrenamiento que vive a 200 km de distancia. Nos juntamos siempre en mi casa. Si yo tuviera que conducir ese trayecto, estaría demasiado agotada cuando llegase a mi destino. Ella, en cambio, se relaja cuando conduce el coche y hace el recorrido de buena gana. Nos reunimos siempre durante tres horas. Necesito que hagamos un descanso a la mitad en el que nos relajamos por separado. No siempre me hace falta. Ella no lo necesita, aunque se haya levantado muy temprano para llegar a tiempo. Y entonces me parece que

tampoco yo debería tener esa necesidad. Cuando no hacemos esa pausa, el problema es que después de media hora, no puedo escuchar adecuadamente porque estoy sobreestimulada».

Lotte, 45 años

Es muy probable que a menudo te enfrentes a un dilema. Por una parte, resultas un tanto difícil para los demás, y, por otra, debes tener en cuenta tu sensibilidad para no llegar a ser aún más difícil porque te sientes sobreestimulado o enfermo.

Puede ser una buena idea expresar ese dilema:

- No quiero ser descortés, pero me gustaría que no te quedes mucho tiempo en mi casa, porque poco a poco me voy cansando demasiado como para poder escuchar adecuadamente lo que dices.
- Desearía poder quedarme algo más de tiempo, pero siento que me estoy agotando, de modo que si no me voy a casa pronto, me va a costar llevar a cabo mis tareas mañana.
- Me resulta difícil abandonar nuestra apasionante charla, pero al mismo tiempo sé que ambos la disfrutaremos más si la continuamos en un momento en que yo esté menos cansado.

Quizás en ocasiones te haya pasado que has especulado tanto tiempo sobre un dilema para encontrar una solución que pueda contentar a todos que finalmente te sientes demasiado agotado para decirlo de un modo considerado. Entonces tal vez sales precipitadamente por la puerta delantera o a hurtadillas por la puerta trasera con la esperanza de que nadie se dé cuenta.

Cuando pronuncias el dilema en voz alta, algunas veces se resuelve solo, y los demás tienen la sensación de que han participado en la decisión.

Cuando los invitados se quedan demasiado tiempo

En nuestra cultura está arraigada la idea de que se debe ser hospitalario y seguir ofreciendo más café a las visitas hasta que ellos mismos exterioricen su deseo de marcharse. Ya que la mayoría de las personas pueden soportar el trato durante mucho más tiempo que un altamente sensible, nos vemos con frecuencia en apuros. Algunos PAS optan por no invitar a nadie por miedo a que los invitados se queden tanto tiempo que ellos mismos acaben completamente agotados.

Después de años de práctica, se ha vuelto totalmente natural para mí acordar siempre antes con mis invitados cuánto tiempo más o menos durará nuestra reunión. Los que me conocen bien saben que me agoto con facilidad, y resulta obvio que necesito que hagamos un descanso cada uno en su espacio si vamos a estar juntos durante bastante tiempo.

Algunas veces debo concentrarme constantemente para lograr decirlo. Y, de vez en cuando, sobre todo si estoy cansada, preparo una evasiva y hago creer tanto a mí misma como al otro que el descanso no es necesario. La factura por esta falta de autocuidados la noto luego o al final de la reunión, cuando entonces ya no estoy totalmente presente, o al día siguiente, en que estaré más cansada de lo que suelo estar en otras ocasiones.

Es bueno que te atrevas a contar que te cansas con facilidad y que prefieres el trato social en dosis más pequeñas y no de forma continuada durante horas.

Cuando tienes que decir que no a algo de lo que tienes ganas

Aquí es donde es especialmente difícil ser sensible. Quizás durante varios años has estado enfadado contigo mismo porque no podías aguantar tanto como otros. Tal vez encolerizado te has presionado a ti mismo para quedarte en contextos que han sido cargantes para tu sensible sistema nervioso, porque no has querido aceptar tu limitación, y no has querido abandonar la fe en que *puedes* con lo mismo que la mayoría de los demás.

> «Algunas veces digo que sí a algo que sé bien que llega a ser demasiado, porque no quiero conformarme con no poder lo mismo que otros. Y ya que tengo demasiada mala conciencia si renuncio a la participación en algo a lo que he dicho que sí, me presentó algunas veces a reuniones sociales aturdida de cansancio e incapaz de establecer un contacto como es debido, pues empleo todas mis fuerzas en fingir que lo paso bien. A continuación, me siento cansada e infeliz durante varios días».
>
> Helle, 31 años

Mientras estás enfadado, ya sea contigo mismo o con los demás, hay algo por lo que luchas. El día en que aceptas que puedes tener los medios para lo que quieras, la ira se convierte en pena por tener que renunciar a algunas actividades que te resultan apetecibles.

Algunos altamente sensibles cuentan que de vez en cuando se sienten solos.

> «Poco a poco voy diciendo que no a muchas cosas, y me excluyo de algunos contextos, porque sé que llega a ser dema-

siado. He mejorado después de empezar a hacer eso. Pero también algunas veces llego a sentirme bastante solo. Cuando, por ejemplo, paso por una sala en la que están reunidos varios de mis colegas, y oigo que se ríen y lo pasan divertido, puedo notar una punzada de melancolía. Me hubiera gustado ser parte de eso».

Martin, 40 años

Después de reconocerte a ti mismo como PAS, puede que pases por un período de cansancio y pena, y puede llevarte tiempo deshacerte del sueño de llegar a ser algún día igual de fuerte que la mayoría de los demás.

A menudo, cuando una puerta se cierra frente a ti, encontrarás una o más puertas que se abran. Cuando dejes de intentar ser igual de fuerte y enérgico que la mayoría de los demás y en su lugar te des a ti mismo permiso para ser sensible y organices tu vida de acuerdo a esto, descubrirás que puedes ser feliz fácilmente sin tener que enfrentarte a gran presión, alto ritmo y entornos insensibles. Los PAS pueden incluso llegar a prosperar mejor que otros en los entornos adecuados.

Buenos consejos y trucos contra la sobreestimulación

La estimulación puede venir tanto de fuera como de dentro. También puedes sobreestimularte por pensamientos o sueños propios. Comenzaré diciendo algo sobre la estimulación que viene de fuera. El 80 % de las impresiones entran por los ojos. Muchas impresiones se pueden evitar simplemente cerrando los ojos. Incluye en tu día momentos en los que mantengas cerrados los ojos y dejes que descanse tu atención visual. Si no te gusta tener los ojos cerrados, entonces encuentra algo neutral a lo que mirar que no se mueva. Puedes, por ejemplo, practicar los ojos cerrados cuando vas en tren o en autobús, o cuando estás sentado delante de la televisión y no la puedes apagar sin más porque otros la están viendo.

Las impresiones que entran por los ojos también se pueden limitar con gafas de sol oscuras, sombrero o un gran paraguas.

Las impresiones sonoras desde fuera se pueden limitar con tapones para los oídos o auriculares con música. Para mí, un *ipod* es un gran invento. Lo tengo siempre conmigo, y lo uso para dejar fuera sonidos que de otro modo me irritarían. Si alguien comienza una conversación por móvil cerca de mí, la alejo en seguida con música.

Cuando debo dar conferencias, tengo una determinada pieza de música que escucho los últimos cinco minutos antes de entrar «en escena». Me entrego totalmente a la música y encuentro reposo en ella, y tomo, al mismo tiempo, contacto interior conmigo misma. Una vez olvidé mis auriculares, y entonces pude notar, de verdad, qué diferencia supone la música. Cuando di la conferencia, no tenía en absoluto la misma buena presencia que acostumbro tener, porque los fragmentos de conversaciones que mi conciencia había captado en los últimos cinco minutos distrajeron mi atención y me impidieron interiorizar y contactar conmigo misma.

No siempre nos damos cuenta de cuánto nos cargan las impresiones sonoras. Algunas veces no lo descubrimos hasta después. Puedo, por ejemplo, estar sentada en un café abarrotado y en realidad pasarlo bien, e incluso ser capaz de abstraerme del ruido y concentrarme en mi acompañante. Pero en el momento en que salgo a la calle, puedo advertir que algo por dentro que ha estado sumamente diluido se suelta, y a continuación me siento cansada.

«No había reflexionado antes sobre ello, pero después de que he empezado a ir con gafas de sol y música en los oídos, puedo andar por la ciudad durante varias horas y encontrarme mucho menos cansado cuando vuelvo a casa de lo que en otras ocasiones suelo estar».

Hans, 33 años

Un par de consejos sobre el sueño

Cuando estoy sobreestimulada, lo cual no es agradable, resulta tentador huir bajo el edredón y evadirme dentro del sueño, y se puede llegar a desperdiciar mucha vida por esta razón. Dormir es bueno si tienes déficit de sueño, pero no surte efecto contra la sobreestimulación... Al contrario, dormir también puede excitarte si, por ejemplo, sueñas intensamente.

Muchos PAS cuentan que duermen mal si se van a la cama sobreestimulados. Es importante que hayas encontrado la tranquilidad interior antes de entrar en el sueño.

«Casi cada noche, antes de ir a dormir, me siento, escribo y dibujo un poco. De este modo, llego a estar más en paz con el día y conmigo misma. Cuando lo hago, tengo un sueño mejor».

Rita, 70 años

Clasificas mejor tus impresiones cuando te mantienes vertical, y, por consiguiente, no tumbado ni semidormido. Del mismo modo, estar sentado quieto y no hacer casi nada surte bastante buen efecto respecto a la sobreestimulación. Al tiempo que gastas en contactar contigo mismo después de haber estado expuesto a algo que ha causado que te hayas sobreestimulado y cansado lo llamo «tiempo vegetativo». Por lo general, es un tiempo que se debe superar. No es necesariamente muy agradable, y algunas veces hasta el día siguiente no notas su buena influencia en todo tu sistema.

Durante los minutos que hayas reservado para tu tiempo vegetativo, no hace falta que procedas de modo totalmente pasivo. Lo importante es que dejes descansar tu atención, que, en la medida de lo posible, no absorbas nuevas impresiones, de modo que puedas dejar que tu energía vaya hacia dentro para clasificar las impresiones que ya has recibido e interiorizarlas. Puedes, al mismo tiempo, hacer un trabajo rutinario como, por ejemplo, fregar a mano o hacer ejercicio. Puede ser que tú mismo tengas la sensación de que no haces nada durante este espacio de tiempo. Sin embargo, no es así, porque en el plano interior suceden un montón de cosas.

A continuación, serás capaz de estar intensamente presente con renovada energía.

La mayoría de las personas altamente sensibles y otras personas vulnerables también necesitarán tomarse algún tiempo vegetativo antes de un día difícil. Cuando tengo que salir para impartir un día de curso, necesito estar quieta la noche anterior. Es necesario para mí tener una pizarra interior en blanco en la que comenzar un día de curso y no tener la cabeza llena de reminiscencias de impresiones del día anterior no elaboradas.

Aunque dormir demasiado puede ser un despilfarro de vida, sin embargo, no es desdeñable una refrescante siesta energética. Si duermes más de media hora, bajas a la capa de sueño más profundo, y eso durante el día no es lo adecuado, porque te encontrarás aturdido y mareado cuando despiertes, y te costará, en resumidas cuentas, volver a llegar a estar despierto como es debido. Así que acuérdate de poner tu despertador si optas por dormir durante el día.

El agua, el ejercicio y el contacto corporal son buenos

Muchos altamente sensibles se sienten atraídos por el agua. Y tiene un buen efecto si la bebemos, caminamos por ella, tomamos un baño o nadamos. Yo me doy baños de pies casi a diario. Mis pies lo agradecen. A continuación, los masajeo con aceite. Ello da relajación y bienestar, y sobre todo un sueño mejor si se efectúa justo antes de la hora de acostarse.

Cuanto mejor contacto tengas con tu cuerpo, menos angustia y sobreestimulación tendrás. Si estás nervioso, puedes masajear tus pies. Un buen contacto con el propio cuerpo se puede obtener de muchos modos. Unos corren o bailan, otros hacen ejercicios de relajación o visualizaciones corporales. Los ejercicios en los que van juntos respiración y cuerpo tienen un efecto particularmente bueno.

> «Cuando estoy demasiado sobreestimulado para hacer algo introvertido, paso un rato practicando ejercicio. Algunas veces tan sólo sobre el suelo de mi propia sala de estar. Eso me da un buen contacto con el cuerpo y, al mismo tiempo, disminuye mi sensación de perder el tiempo, y además fortalezco los músculos de los brazos».
>
> Jens, 42 años

Expresarse contrarresta la sobreestimulación

Cuando las impresiones que absorbes te estimulan, expresarse uno mismo puede surtir el efecto contrario. Si escuchas o prestas demasiada atención a otros sin tomar tú la palabra, te agotas más deprisa. Es bueno para ti lograr expresarte por ti mismo. Por tanto, es conveniente que seas cuidadoso contigo mismo en tus contactos y que procures no escuchar mucho más de lo que tú mismo te permitas expresar. Además de eso, muchas personas sensibles disfrutan expresándose en un diario o por medio de música y arte.

Cuando la estimulación viene desde dentro

Si eres proclive a pensar negativamente, puedes llegar a cargarte y sobreestimularte a ti mismo con pensamientos sombríos y autorreproches. En tal caso, puedes beneficiarte enormemente de las técnicas cognitivas para obtener mejor dominio de tus pensamientos. Puedes leer más sobre técnicas cognitivas en el Capítulo 8.

En cualquier caso, puede ser bueno ejercitarse en vigilar un poco en qué están ocupados nuestros pensamientos. Si descubro que tengo en marcha un pensamiento que me carga y que no es constructivo, intervengo y lo detengo. Tengo una buena imaginación que rápida y fácilmente puede poner en marcha toda una serie de imágenes.

Por ejemplo, si escucho un sonido desconocido en el sótano, puedo empezar a imaginarme que bajo allí y encuentro a un ladrón. Y entonces se puede poner en marcha toda una película en la pantalla interior en la que me imagino con todos los detalles como abordaré la situación. De repente, descubro lo que estoy haciendo y observo que estoy sentada y completamente tensa. Por desgracia, si hubiera reservado un tiempo para descansar... Cuando me doy cuenta de que estoy realizando una actividad que me sobreestimula sin ser útil, dejo de pensar y doy gracias a mi conciencia por todas las imágenes, y porque estoy a salvo de un posible ladrón. Algunas veces me veo obligada a fantasear un desenlace rápido antes de que, de verdad, logre liberar los pensamientos para llegar a algo más pertinente y constructivo.

Hablar con otros sobre tu sensibilidad

¿A quién se debe contar que se es altamente sensible? Es una pregunta que me hacen con frecuencia cuando doy conferencias.

Por lo general creo que es bueno si las personas con las que convives saben qué significa ser altamente sensible. Algunos PAS tienen buenas experiencias por hablar sobre ello también en el lugar de trabajo. Cuentan que después de eso su jefe se vuelve extraordinariamente cuidadoso y atento. Otros, en cambio, explican que no son tomados en serio, sino que son considerados como enfermizos o lo toman como un modo de evitar asumir su parte de la carga de trabajo.

Yo misma rara vez uso la denominación «altamente sensible» referida a mí. Cuento lo que necesito, para qué soy especialmente buena y qué no funciona para mí. Lo importante no es que otros sepan que mis talentos y limitaciones especiales se deben a una sensibilidad particular. Lo importante es que yo misma lo sé, y sé que hay otros que funcionan de igual modo. Y eso me infunde ánimos para apoyarme a mí misma, incluso cuando estoy con personas a las que les parece que es una forma singular de funcionar.

Capítulo 4

Cómo aprovechar al máximo tus habilidades de contacto y presencia

Los altamente sensibles prefieren contacto de alta calidad

Los altamente sensibles y otras personas vulnerables pueden quedar fácilmente atrapados en una conversación que en realidad drena y sobreestimula. Seguramente intentas ser amable, buen oyente y atento, y te resulta natural identificarte con la situación del otro. Esta capacidad, que tienes como altamente sensible, hace que algunas veces sirvas de papel atrapamoscas de personas que necesitan descargar montones de frustraciones. Y, después de un buen rato, quizás tu energía social se ha agotado para el resto del día, y eso es una lástima. Es importante ser selectivo, tanto con respecto a cuánto tiempo inviertes en escuchar, como a quién escuchar y en qué tipo de conversaciones o contactos quieres invertir tu energía. Probablemente tengas energía sólo en cantidades limitadas, y, por tanto, es preferible que la uses para lo que tenga sentido o lo que te devuelva algo.

Los altamente sensibles tienen la habilidad de establecer un contacto profundo e intenso con los demás. Percibimos más que la mayoría. Y dos personas altamente sensibles pueden conseguir juntas una cercanía y un contacto que se extienden más allá de lo que otros pueden oír o ver. Esta forma de contacto no nos drena, sino que, por el contrario, puede proporcionar energía, incluso a los introvertidos que, en otra situación, a menudo prefieren recargarse solos.

A continuación te daré varios consejos sobre cómo gestionar mejor tus conversaciones y cómo renunciar a la participación en aquellas charlas que te agotan innecesariamente.

Tómate descansos

Algunas veces tengo la sensación de estar ahogándome en el torrente de palabras de otro. Y, si no consigo pedir un descanso, no puedo llegar a exteriorizar mi opinión sobre todas esas palabras. Entonces lucho sólo por mantener la nariz por encima del agua, y no tengo más energía para otra cosa que no sea intentar sobrevivir a ello.

Tal vez sabes que a veces no tienes energía suficiente para encontrar una salida, y entonces te quedas enganchado. Para escapar, necesitas una pausa para obtener un espacio en el que puedas notarte a ti mismo y averiguar qué es mejor decir o hacer para ti.

Puede ser adecuado haber ideado algunas estrategias antes de que te encuentres en la situación. Así no se requiere tanta energía para buscarlas y ponerlas en práctica. Aquí tienes algunas propuestas:

- Di «Un momento» amablemente y con autoridad. Si es necesario, levanta la mano con un gesto de desaprobación y baja la mirada. De este modo, señalas que entonces dejas que tu atención vaya hacia dentro. Tómate el tiempo que necesites. Si el otro interrumpe tu pausa para seguir charlando, puedes decir de nuevo «Un momento» y levantar la mano. Puedes añadir: «Pensaré en lo que me has dicho» o «Perdona, tardaré sólo unos minutos; te avisaré cuando esté listo para volver a escuchar».

- Di: «Ahora puedo notar que ya no estoy escuchando».
- Si notas que la otra persona está a disgusto, puedes decir: «Ahora mismo tengo la sensación de que algo ha ocurrido entre nosotros que nos está incomodando. ¿Me ayudarás a averiguar qué puede ser?». (Ésta es una de las estrategias más avanzadas, y es adecuada sólo con personas a las que quieres y que te quieren, y con aquellas a las que les gusta investigar el campo entre ambos).
- Pon la alarma en tu móvil de modo que suene en el momento en que hayas previsto que probablemente estarás cansado. Cuando suene, puedes decir: «Me veo obligado a marcharme dentro de poco».

Procura que se convierta en un diálogo y no en un monólogo

Una vez que te hayas expresado, necesitarás que la otra persona te envíe alguna señal para que puedas saber cómo ha sido recibido el mensaje. Esto es especialmente importante si tienes la tendencia a reflexionar después sobre lo que el otro pudo haber pensado.

También es fundamental que haya intercambio. De lo contrario, podrías, en cierto modo, conformarte con escribir el mensaje en tu diario. Si has entregado algo y no ha regresado nada, es posible que tengas sensación de vacío y de haber perdido energía sin saber si ha sido de alguna utilidad para alguien.

Por el contrario, si has estado escuchando a otra persona, también debes devolverle algo. Esto es particularmente importante para los PAS, ya que con frecuencia se encuentran en el papel de oyentes. Expresarse contrarresta la sobreestimulación. Cuando has estado escuchando a alguien, normalmente necesitas que haya un descanso y una posibilidad de dar a conocer tu opinión o expresar cómo te ha influido eso. Si escuchas y escuchas, y no consigues devolver lo suficiente, te sentirás atascado.

Averigua qué respuesta deseas dar o recibir

Cuanto más personal sea tu mensaje, tanto más importante es la respuesta. Imaginemos que has contado a alguien que actualmente te sientes cansado y triste.

Quizás te gustaría saber cómo te ve tu oyente. Entonces te agradará que él te diga, por ejemplo: «¡Realmente tienes aspecto de estar cansado!» o «Eres sincero contigo mismo». Si el otro no dice nada sobre cómo te ve, tú puedes preguntar: «¿Cómo me ves?». O si la situación es a la inversa y eres tú el que escuchas, podrías decirle: «¿Quieres saber cómo te veo yo?».

En alguno de mis cursos, pido a los participantes que vayan a casa y pregunten a tres personas: «¿Cómo me ves?». A continuación, vuelven y suelen contar que fue una gran experiencia. A menudo esto les influye mucho. Y la mayoría de ellos obtienen con eso más energía y se sienten más satisfechos consigo mismos. Un estudiante soltero dijo una vez que oír a buenos amigos contar cómo le veían fue la mejor experiencia que había tenido en mucho, mucho tiempo. Otros se preocupan por algo que alguien les haya dicho y suelen decidir ponerse a trabajar en ello. Cuanto más cercano a la realidad sea nuestro concepto de cómo nos perciben los demás, mejor podremos navegar por el mundo. Y muchos de nosotros tenemos déficit de escuchar la experiencia que otras personas tienen de nosotros y podemos tener miedo de parecer demasiado egocéntricos si lo preguntamos. Puede ser un alivio decir: «Mi maestro ha dicho que debo preguntar a tres, así que ¿puedes responderme tú?».

Otra respuesta que posiblemente te gustaría obtener puede ser la empatía. Quizás te gustaría saber si el otro puede y quiere identificarse con tu situación. Tal vez ya sabes que puede ser agradable que te digan palabras que describan tu vida interior. Por eso es gratificante si con quien hablas dice, por ejemplo: «Tiene que ser difícil pasarlo así» o «Si fuera yo quien lo pasara así, probablemente estaría bastante impaciente por mejorarlo». Entonces podrías decir: «Sí, es exactamente así como lo paso» y suspiras aliviado por ser comprendido. También puede que digas: «No, no es totalmente así, es más bien…». En cualquier caso, suele resultar bastante agradable cuando alguien intenta identificarse contigo, incluso aunque no acierten del todo. Si el otro por sí solo no intenta identificarse, puedes preguntar: «¿Cómo crees que soy yo?».

Si quieres expresar tu empatía, puedes decir «Tú debes ser…».

Una tercera respuesta que tal vez deseas escuchar puede ser saber qué ha provocado en el otro lo que tú has dicho, o qué ha pensado esa persona cuando lo has dicho. Si se ha alegrado, irritado o lo ha sentido por ti. Si la respuesta no llega por sí sola, puedes preguntar: «¿Qué has pensado cuando lo dije?» o «¿Qué provocó en ti oírlo?».

Un cuarto deseo puede ser que te gustaría ser invitado a extenderte sobre ello. Entonces resulta agradable que el otro diga: «Cuéntame algo más sobre ello». Y si no sucede, puedes pedirlo: «Me alegrará si preguntas por lo que te cuento». O si la situación es la inversa: «¿Te gustaría que pregunte por lo que dices o prefieres tan sólo contarme sin ser interrumpido?».

Una quinta necesidad, que probablemente puede parecer muy simple, pero que puede tener gran importancia, es saberse oído. Algunas veces puedes tener dudas acerca de si lo que has dicho ha sido escuchado, y si ha sido oído correctamente. Puedes averiguarlo diciendo: «¡Cuéntame lo que acabas de oírme decir!», o si la situación es la inversa: «¿Te cuento lo que te he oído decir para que podamos comprobar si lo he oído correctamente?».

Un ingrediente en casi todas las formas de terapia de pareja es que el terapeuta pida a las dos partes que se ejerciten en repetir lo que oyen decir al otro. Parece una tontería, pero puede tener gran importancia. Oír al otro repetir lo que es más importante para él puede hacer que ya no sea necesario repetirlo infinitamente. Ahora ya sabes que has sido escuchado. Cuando hago terapia, repito a menudo varias veces lo que he oído decir al cliente. Es un modo de hacer que una conversación vaya muy despacio. Y puede ser bueno si sobre lo que hablamos es un tema difícil y hay necesidad de ser muy cuidadoso.

Ser percibido: ¿Cómo me ves?
¿Quieres oír cómo te veo?

Empatía: ¿Cómo crees que soy yo?
Tú debes ser...

Ideas y sentimientos: ¿Qué piensas o sientes cuando digo estas cosas?
¿Quieres saber lo que provoca en mí lo que tú dices?

Ser invitado a extenderse sobre ello: Me alegrará si preguntas por lo que cuento.
¿Te gustaría que yo pregunte por lo que tú dices, o prefieres tan sólo contarme sin ser interrumpido?

Sentirse escuchado: ¡Cuéntame lo que acabas de oírme decir!
¿Te cuento lo que te he oído decir para que podamos comprobar si lo he oído correctamente?

Una vez que conozcas estos diferentes tipos de respuestas, puedes practicar sentir cuál es la respuesta que deseas en cada situación, y luego ejercitarte en pedirla. También puedes practicar pedir espacio para encontrar respuestas para los demás. De este modo, puedes parar «conferencias» o un discurso que sea profundamente fatigoso para que una persona sensible la escuche durante mucho tiempo. La conversación se convierte, de este modo, en un diálogo, y puedes asegurarte de recuperar lo que te da energía.

Si en la práctica te parece que es difícil, piensa que no eres el único al que le ocurre esto. Requiere mucho ejercicio antes de que llegues a dominarlo, y no funciona en todas las relaciones.

Cómo puedes profundizar en una conversación y cómo volverla superficial

Como PAS, necesitas poder profundizar en una conversación. Si una conversación es muy superficial, es difícil para ti conservar el interés por ella durante bastante tiempo. Tal vez, en cambio, empiezas entonces a poner mucho esfuerzo en tener cara de interesado si te parece que es necesario.

Por el contrario, también es bueno hacer que una conversación sea superficial para poder continuar con ella si eso es lo que deseas, o quizás sencillamente evitar profundizar demasiado, si, por ejemplo, te sientes cerca de estar sobreestimulado y apenas puedes asimilar más.

Profundizar

El truco más sencillo es simplemente mantener la boca cerrada. El silencio profundiza. Con frecuencia experimento en la terapia que si nos sentamos un rato sin decir nada, la siguiente respuesta es más profunda. Pero algunos tienen miedo de las pausas y pueden empezar a charlar sin parar cuando surge alguna. Eso no da profundidad. Al contrario, es fácil que sea tan superficial como incoherente.

También puedes preguntar simplemente: «¿Tienes ganas de contarme algo más sobre ello?». Si lo que se cuenta sigue siendo superficial, es un buen truco preguntar por lo concreto. Cuando concretamos, vienen los sentimientos. Si, por ejemplo, digo: «Me parece que la gente es muy arisca», y alguien me pregunta: «¿Cuándo fue la última vez que lo experimentaste?», me veo obligada a proceder de forma concreta. Entonces podría decir: «Fue ayer, cuando llamé a mi amiga y ella parecía completamente desinteresada en lo que yo estaba haciendo». Aquí empezaré a notar mi respuesta emocional a la falta de interés. Mientras nos quedemos en lo general, podemos mantener fuera con facilidad nuestros sentimientos. Pero si concretamos, eso ya no funciona.

Si quieres profundizar en una conversación, conviene, por consiguiente, pasar de lo general a lo concreto. Si deseas hacer que una conversación en la que se estaba profundizando pase a ser superficial, o si quieres evitar profundizar, debes hacer lo contrario.

Volverla superficial

Las generalizaciones y explicaciones son buenas para interrumpir una conversación muy profunda. Si digo: «Me siento cansado y un poco triste», y el otro entonces generaliza diciendo: «Así creo que lo pasan todos en esta estación», es difícil para mí seguir hablando sobre mi fatiga. Lo mismo vale para las explicaciones. «También tú te acostaste tarde ayer». En ambos casos es difícil encontrar una apertura por la que pueda entrar con mi historia.

No es algo malo. Me tranquiliza saber que a otros les pasa lo mismo, así que probablemente no soy tan rara. Y funciona, como ya he dicho, de forma muy elegante para interrumpir una conversación demasiado profunda.

Lo he usado como pastor y como profesora de psicología. Cuando, como pastor, conversaba sobre un entierro, había muchas cosas que tenía que controlar. Se debía planificar el entierro y escoger los himnos, e intentaba recabar suficiente información para poder ir a casa y escribir un discurso sobre el difunto. Por tanto, no estaba interesada en que los parientes, en ese momento, me hablaran con profundidad de su pena o ira. A menudo, parece más cortés proponer una generalización o explicación que decir: «No deberíamos hablar de eso ahora». Cuando había terminado el entierro y entraba la visita siguiente, era el momento de profundizar.

Como profesora de psicología en la Folkeuniversitetet (Universidad Popular), tampoco estaba interesada en que los participantes en los cursos se abrieran demasiado para algo privado. Una situación de docencia con un gran grupo no es apropiada para ello. También aquí generalizaciones y explicaciones podían subir la conversación a un nivel adecuado si yo temía que se estaba volviendo demasiado personal.

Cuatro niveles de conversación

Las conversaciones que podemos tener pueden ser de cuatro niveles. Hablaremos de ellos de uno en uno.

Nivel 1. Conversaciones sobre temas triviales y superficiales

En este nivel de conversaciones se cambia todo el tiempo de tema. Es como cuando una mariposa vuela de flor en flor y está un poco aquí y allí. La ventaja es que puedes salir y entrar de la conversación en poco tiempo. Charlar sobre temas triviales puede ser una forma de arte.

Los extrovertidos disfrutan de los juegos sin compromiso como puede ser ése. Aquí también se retroalimentan. Sin embargo, muchos tienen problemas con eso. Algunos piensan directamente que es difícil charlar sobre temas triviales. Por lo tanto, puede ser bueno conocer los principios de las conversaciones triviales. Es muy sencillo. Dices en voz alta sólo lo que sientes en el momento: Llueve. Aquí hace frío. ¿A qué huele? Sabe de rechupete. ¡Vaya zapatos más bonitos llevas!, etc.

Muchos altamente sensibles se frustran en seguida si la charla trivial dura bastante tiempo. No es agradable que se llene su disco duro con algo insustancial. Seguramente te gustaría emprender una conversación en la que haya más sustancia.

Sin embargo, es bueno saber conversar trivialmente. Es una buena herramienta para comenzar. Un comentario banal puede ser lo que rompa el hielo. Si no el comentario en sí, entonces la voz y el tono que, en realidad, dicen mucho más. Tiendes un puente al otro. La charla trivial puede crear seguridad en situaciones que son extrañas o desconocidas. Puede ser una buena maniobra introductoria con la que lidiar mientras buscas intereses comunes. En cualquier caso, es fácil salir rápidamente de una charla trivial y volver a entrar de nuevo. Si te cuesta conversar con superficialidad, puede ser una buena idea que practiques.

Nivel 2. Conversaciones interesantes

En este nivel de conversación se aborda un tema de interés común. Intercambiáis informaciones, expresáis vuestra opinión, discutís de política, sobre la educación de los hijos o sobre algo en lo que tengáis interés. Quizás os ponéis de acuerdo y tomáis una decisión.

Algunas personas se sienten como pez en el agua en estas conversaciones. Puede ser porque les encanta buscar nuevos conocimientos, o porque obtienen energía de discutir y cruzar espadas. A los altamente sensibles les suele gustar intercambiar conocimientos sobre cualquier tema de interés común, pero si se convierte en una discusión con matices agresivos, seguramente pierdan las ganas de participar.

A este nivel de conversación se le llama también conversación de rol. Es aquí donde intercambiamos informaciones sobre empleo, dirección, estado civil, etc. Y aquí es donde nos expresamos en virtud de un rol. En su papel de madre, una mujer puede dar algunos consejos al personal de la institución, la enfermera puede dar consejos sobre medicina y el pintor sobre elecciones de color.

Algunas veces la conversación de este nivel se caracteriza porque los que tienen mayor confianza en sí mismos se inflan y cuentan, mientras que el resto escucha. Si te parece que es frustrante, puedes practicar la forma de ocupar tú algo más de espacio. En algunos contextos puede ser una lucha llegar a tomar la palabra, porque a todos sólo les gustaría hablar. Aquí puede ser casi imposible participar para un PAS, pues probablemente es demasiado lento para aprovechar la posibilidad cuando la hay, o demasiado cortés para terciar sin más.

Donde mejor prospera es seguramente en contextos donde todos están interesados en que cada uno sea oído. En algunos sitios, ese planteamiento puede ser factible. Algunas personas tal vez no hayan pensado que la forma en que uno habla en el grupo puede ser un problema para algunos. Si se plantea, puede cambiarse en algunos contextos.

En este segundo nivel de conversación no se habla de sentimientos. Eso se hace en el tercer nivel.

Nivel 3. Conversaciones de confianza

En estas conversaciones compartimos sentimientos y sensaciones en relación con cosas o con una tercera persona. (Si intercambiamos emociones relacionadas con la persona con quien estamos, nos encontraremos en el cuarto nivel). En el tercer nivel nos iniciamos mutuamente en nuestra vida interior. Puedes, por ejemplo, contar sobre tu infancia, sobre tu relación de pareja, sobre sentimientos y sensaciones en relación con colegas o con otros. En este nivel, también podemos intercambiar cotilleos y rumores. O podemos ayudarnos mutuamente a descubrir cómo nos sentimos, como un paso para decirle algo a quien se dirigen las emociones.

Se puede producir un ambiente muy intenso y lleno de vida en este nivel. Descubrimos tal vez que estamos en el mismo barco, que nuestro propio interior, de todos modos, no es tan diferente del ajeno. Puede ser una agradable sensación contar a otro el interior de uno mismo. Seguramente conoces el sentimiento de haber descargado algo y sentirte aliviado.

Si te cuestan las conversaciones de este nivel, puede ser porque te avergüenzas de aspectos de tu propio interior y no te atreves a revelarlos ante otros. Tampoco es agradable recibir confidencias, en especial si el otro tiene expectativas de que ahora debéis ser aliados. Y puede ser difícil encajar los sentimientos de la otra persona si está enojada. Tampoco es agradable recibir confidencias si estás sobreestimulado o cerca de llegar a estarlo.

Nivel 4. Conversaciones directas

En este nivel hablamos sobre la vida que hay entre nosotros ahora mismo y aquí. Tú y yo aquí y ahora. ¿Qué notamos uno en relación con el otro? La conversación puede llegar a ser muy intensa. Es aquí donde descubres qué importancia tienes para el otro. Se puede sentir como alimento para el alma.

Cuando el enamorado dice: «Te quiero» a la elegida, estamos en este nivel. El marido que dice a la mujer: «Cuando me miras del modo que lo haces ahora mismo, me entran ganas de abandonarte» está también en este nivel.

Algunas personas jamás entablan conversaciones de este nivel. Otras lo hacen sólo pocas veces en su vida y esos momentos los recordarán y volverán a sus pensamientos una y otra vez.

Moverse en este nivel se puede sentir tanto peligroso como vivificante.

Acaso temes llegar a herir al otro siendo tan directo. O temes ser herido tú mismo. El inconveniente de no entrar en conversaciones de este nivel es que la relación se puede volver aburrida y sin vida.

Cómo pasar de un nivel de conversación a otro

Entras en el primer nivel diciendo en voz alta lo que oyes, ves, hueles, saboreas o sientes sobre tu piel. Por ejemplo: «¡Qué bonito sol brilla!».

Del nivel uno al dos: Te entretienes un poco más de tiempo en cada tema. Una observación sobre la comida puede convertirse en un intercambio de recetas culinarias, y un comentario sobre el tiempo puede transformarse en una discusión sobre el clima. También puedes plantear un tema totalmente nuevo.

Del nivel dos al tres: Puedes invitar a la confidencialidad contando algo personal. O puedes preguntar por lo concreto: «Cuando dices que es malo que algunas personas sólo se den de baja por enfermedad, ¿es porque tú mismo lo has experimentado?».

Del nivel tres al cuatro: Puede ser una buena idea primero investigar si el otro también está interesado en que tengáis una conversación de ese nivel, así el otro también obtiene un poco de tiempo para prepararse. Éstos son algunos ejemplos de posibles respuestas iniciales:

- «Me gustaría que habláramos sobre cómo lo pasamos el uno con el otro, ¿qué te parece?».

- «Tengo ganas de contarte lo que siento hacia ti ahora mismo. ¿Quieres oírlo?».
- «Me gustaría saber cómo lo pasas conmigo. ¿Quieres contármelo?».

¿Para qué pueden usar este modelo las personas sensibles?

Ser consciente de en qué nivel se encuentra una conversación puede ser aclaratorio con respecto a por qué algunas conversaciones son vivificantes, mientras que otras son profundamente aburridas. Si sabes por qué determinadas conversaciones te frustran, puedes intentar cambiarlo. Un cambio a otro nivel de conversación puede suponer una diferencia importante. Si te atreves a entrar en el cuarto nivel, eso puede inspirar energía e intensidad a una conversación aburrida.

Este modelo es una versión algo simplificada de la realidad, y pasa por alto el contacto sin palabras que podemos tener entre nosotros. Los altamente sensibles suelen ser capaces de estar callados juntos de un modo que desprende presencia y profundidad, sin necesidad de que se diga una sola palabra.

Capítulo 5

Afrontar tu ira y la de los demás

Los altamente sensibles tienen una estrategia distinta para fijar límites a la ira

A las personas sensibles por lo general no nos agrada la ira. La ira es una energía potente. Si estamos en el campo rojo, fácilmente pensamos en blanco y negro y por un momento perdemos la capacidad de ponernos en el lugar del otro, característica que no nos gusta ni en nosotros mismos ni en los demás.

Una riña rápida, que para algunas personas puede surtir un efecto refrescante, tiene un precio elevado para los PAS si se desequilibra nuestro sistema nervioso sensible. Después de eso, puedes necesitar mucho tiempo para volver a equilibrarte.

Probablemente no tengas buenas experiencias respecto a expresar tu ira cuando está en su punto culminante. Y es que es superior a ti. El caso es que tú no sólo notas tus propios sentimientos. Percibes también los ajenos. Si llegas a herir a otro, te duele también a ti mismo, porque te cuesta no hacer caso del dolor ajeno. Puedes sentirlo con profundidad, y posiblemente serás proclive a sentimientos de culpabilidad y vergüenza.

Los altamente sensibles son percibidos a menudo como incapaces para la agresión. Sencillamente, no tenemos ganas de pelear y tampoco hay ninguna razón para que nos salga a cuenta. En la distancia corta perdemos. El que gana en una riña rápida es el que no se limita a sí mismo por plantearse demasiadas reglas éticas del juego. Gana quien no se toma tan a pecho si se hiere a la otra parte y quien se permite aplicar cualquier artimaña.

Si eres una persona sensible, experimentarás que, a menudo, eres tú quien pierde, porque tienes en cuenta demasiadas cosas y posees unos principios conforme a los cuales te gustaría vivir. Puedes sentir como si estuvieras participando en el juego con una desventaja elegida por ti mismo.

> «Siempre me he considerado débil porque suelo ser yo quien se retira de una disputa sin haber logrado mi propósito».
>
> Helle, 57 años

En cambio, distanciándote puedes desenvolverte bien. Tal vez, en el instante en que afrontas ira, te quedes callado y quieto, pero dos días después posiblemente vuelves, y entonces estarás en condiciones de formular de forma muy precisa lo que piensas o sientes y en qué quieres participar en el futuro y en qué no.

Que las personas altamente sensibles estén interesadas por la ética y los valores no significa que otras personas menos sensibles no puedan estarlo en el mismo grado. No significa tampoco que siempre vivamos de conformidad con nuestra propia ética. Pero nos gusta percibir el mundo como un buen lugar para estar, y ello se puede hacer mejor si tenemos la sensación de que nosotros mismos contribuimos en esa dirección. Además, por lo general nos gustaría evitar la ira de otras personas, y ésa es otra razón de que, en la medida de lo posible, evitemos molestar a otros con nuestra conducta.

He hablado con muchos altamente sensibles en mi consulta que cuentan que tienen problemas con la ira. Algunos –con frecuencia terapeutas– les han contado que es un problema que no reaccionen con una ira más intensa y se hagan notar. Cuando lo examinamos juntos más detenidamente, resulta que tienen una estrategia totalmente distinta.

> «Estaba en un grupo de apoyo en un banco. Mi tarea era aprobar contratos de préstamo que otros elaboraban. A menudo sucedía que los colegas que habían elaborado el contrato de préstamo venían con él a las 15:00 horas y querían tenerlo aprobado el mismo día porque habían prometido al cliente una pronta respuesta. Era irritante, pues significaba que me veía obligada a trabajar horas extra.
>
> »Eso tenía que acabar porque yo me estaba estresando. Había llamado la atención sobre el problema sin resultado. Como no es conveniente para mí excitarme y dar gritos, elegí otro camino. En una reunión matutina, les dije que me gustaría que de ahí en adelante, el que viniera con un asunto urgente justo antes de la hora del cierre tendría que escoger él mismo cuál de mis otras tareas debería dejar aparte entonces, porque quería volver a mi casa a mi hora. Sirvió. A los colegas les pareció bien la idea, y el número de asuntos urgentes cayó drásticamente».
>
> Gith, 54 años

Decir suave y tranquilamente «no» o «no lo quiero» o «eso no es bueno para mí» surte mejor efecto que la ira en voz alta. Y cuando eso no funciona, uno puede poner sus condiciones, como lo hizo Gith en el ejemplo anterior.

A continuación se muestra un ejemplo de un altamente sensible en una terapia no tan sensible:

> «Una psicoterapeuta intentó una vez hacer que me enfadara de veras. Ella opinaba que yo obtendría una vida mejor si me volvía menos prudente y más agresivo. Lo acepté porque probablemente también para mis adentros pensaba que si mejoraba en la ira, quizás podría imponer mi voluntad en mayor medida.
>
> »Ahora puedo ver que en las situaciones donde no funciona sólo decir suave y tranquilamente lo que quiero y lo que no, tampoco sirve la ira en voz alta. Por lo general, es una situación que no se puede cambiar, porque la persona de la que quiero algo no lo tiene o no puede o no quiere darlo.
>
> »Visto en retrospectiva, debería haberme negado frente a los intentos bien intencionados de la terapeuta de cambiarme. Aunque realmente pudiera obtener lo que quería si gritaba más fuerte, no tengo ningunas ganas de que mis deseos se cumplan de ese modo».
>
> Henrik, 48 años

El ejemplo anterior no es único. Muchos altamente sensibles cuentan sobre los intentos irrespetuosos y que sobrepasan los límites de los terapeutas de hacerles que abandonen su estrategia inteligente y bien meditada en beneficio de una que es más primitiva.

No es bueno para personas sensibles participar en discusiones. Es demasiado excitante estar implicado en un intercambio de ira. Y una vez que estamos sobreestimulados, nos volvemos algo indefensos y poco constructivos. La conversación perturba nuestro interior, y, de este modo, nos encontramos perdidos. Como psicoterapeuta, ayudo a menudo a parejas a ponerse de acuerdo en una estrategia que se pueda usar cuando se agudizan las riñas. Puede ser, por ejemplo, decir «tiempo muerto», y llegar a un acuerdo sobre cuándo se debe reanudar la conversación, y mientras, pasear o correr por separado.

Si eres sensible, probablemente necesitarás salir del conflicto y encontrar tranquilidad para establecer un buen contacto interno y tu amor por ti y por el otro.

Antes se creía que uno se podía quitar de encima la ira dejándola salir, por ejemplo, golpeando en una almohada. Es, con frecuencia, esta convicción la que hace que algunos terapeutas parezcan ansiosos por conseguir que el cliente exprese su ira. Pero si haces movimientos agresivos con tu cuerpo, al contrario, mantienes la ira o algo peor: la refuerzas. Hablar con alguien sobre ello o hacer un ejercicio de relajación surtiría mejor efecto.

Usa tu capacidad para empatizar y reflexionar

He confeccionado un modelo en el que diferentes causas de la ira se clasifican en diferentes grupos. Según a qué grupo pertenece la causa de la ira, asigno diferentes estrategias de actuación. Es un buen modelo para seguir si a uno no le agradan las riñas y prefiere evitarlas. En mi libro *Find nye veje i følelsernes labyrint* (Encuentra nuevos caminos en el laberinto de las sensaciones) puedes leer sobre este modelo y sobre cómo puedes usar tu capacidad de reflexión para encontrar la estrategia más sencilla y menos exigente cuando se trata de conflictos, o quizás sólo de pequeños roces.

También puedes llegar lejos con tu capacidad de empatía. A menudo la ira oculta sentimientos más vulnerables. Los altamente sensibles suelen tener habilidad para localizar estos sentimientos subyacentes. Ese talento se puede usar de forma muy constructiva. Si captas los sentimientos más vulnerables, entras en otra energía, en la que hay mucho más proceso y sanación.

Cuando hay ira, existe un deseo o una necesidad que no se ha satisfecho. Eso afecta también a tu propia ira. Usa tu capacidad de identificación para averiguar qué es. Quizás puedes pedir lo que te gustaría. También puedes ayudar a otro a acercarse más a lo que desea, y con eso, disminuir su ira. Podrías preguntarle: «¿Que desearías que yo (u otro) pudiera darte ahora mismo?». Es bueno poner palabras a nuestros deseos, incluso si la otra persona no puede o no quiere cumplirlos. Acercarse a sus deseos y necesidades, y con eso, empatizar con otras personas es un camino lejos de la ira que lleva hacia sana vulnerabilidad, presencia y buen contacto.

Cuando es imprudente afrontar la ira con empatía

Como principio básico, se puede decir que una persona enfadada es alguien que sufre y necesita cuidados y amor. Pero si eso no puede resolver la situación y el otro sigue agraviándote con accesos de cólera, por supuesto, hay que poner límites.

Algunas personas no son buena compañía para los altamente sensibles. Y algunos PAS se quedan demasiado tiempo en tales relaciones porque son cándidos y siguen creyendo lo mejor, aunque sean maltratados una vez tras otra.

Ofrecen mucha empatía y esperan en su interior que el otro cambie algún día.

Intenta verlo todo desde fuera. Piensa en una persona a la que quieres e imagínate que es él o ella quien está en tu lugar. ¿Se la trata la mayor parte del tiempo con suficiente delicadeza y respeto? Si la respuesta es no, es una buena idea contenerse un poco la empatía y, en su lugar, imponer algunas exigencias y pedir que el otro cambie su conducta.

Si no consigues decir lo que no te gusta

Si no te agradan los conflictos, puede ser tentador dejar de expresar lo negativo y tan sólo fingir que todo está bien. Tal vez te dices a ti mismo que tampoco es tan importante. Si sientes que pasa algo que no te gusta, conviene encontrar un camino intermedio entre dos zanjas. La una es echar una reprimenda a la otra persona. La otra es recriminarte a ti mismo. En medio está situada la posibilidad de decir algo sobre ti mismo. Y, en la medida de lo posible, se debe decir como una constatación, como una información neutral sobre lo que sientes.

Por consiguiente, no digas: «Ahora me has puesto de mal humor», ni tampoco «Yo también estoy demasiado delicado». A continuación hay una serie de ejemplos de constataciones:

- Cuando me miras de ese modo, me entra dolor de estómago.
- Desearía que me dijeras algo bonito ahora mismo.
- Prefiero lechuga que remolachas rojas encurtidas.
- Es importante para mí poder contar con los acuerdos a los que llegamos.

Cuanto más claro te expreses y digas lo que no te gusta y lo que deseas, tanto más claro te vuelves en el contacto. Los límites claros proporcionan un buen contacto. Cuanto más te atrevas a mostrar de ti mismo, tanto más profundas se volverán tus relaciones.

Aunque a corto plazo –particularmente si no te agrada la ira– lo más fácil es decirte a ti mismo que no importa tanto, a largo plazo ésta no es una buena idea. Si no te atreves a decir lo negativo, te arriesgas a que tus relaciones se vuelvan superficiales e insatisfactorias para ti.

Cuando las personas sensibles no participan en situaciones en las que deberían hacerlo, puede ser a causa de su baja autoestima.

«Con frecuencia me han dicho que debería dejar de conformarme con esto o aquello, y, en su lugar, dar golpes en la mesa y hacerme respetar. Y he intentado seguir ese consejo bien intencionado con el resultado de que cuando hacía falta que levantara la voz, se me quebraba y se hacía pequeña, delgada y ronca.

»Ahora puedo ver que se trataba de baja autoestima. En el fondo, dudaba profundamente de que tuviera derecho a estar en el mundo. Me sentí mal y como alguien que debería estar muy agradecido de poder unirse a la comunidad humana, por lo que luego simplemente no podía permitirme ser molesto. Cuando hacía falta que expresara ira, me entraba demasiado miedo. No era porque no pudiera sentir la ira y tampoco porque no supiera cómo se dan gritos».

Jens, 45 años

Un hombre como Jens no necesita trabajar su ira, aunque era para lo que se le había invitado desde varios lugares. Necesita trabajar en su autoestima.

Cuando la ira oculta impotencia y pena

A menudo, la ira que experimentamos compulsivamente oculta otras emociones con las que es mucho más constructivo relacionarse. En éstas se esconde con frecuencia un camino totalmente nuevo que nos lleva a lugares donde somos más auténticos, animados y felices. Y es que la ira tiene la mala costumbre de posarse en lo más alto, por lo que todo se puede ocultar debajo, de lo cual no eres consciente de inmediato, porque la ira lo llena todo. Dentro de la ira se esconde una esperanza de que se puede transformar la realidad. La ira es una fuerte energía que precisamente existe para remover obstáculos, y para lidiar con lo que quieres cambiar. Mientras estés enfadado, hay algo que quieres cambiar, seas en ese momento consciente de ello o no.

El problema es si por lo que luchas es algo que no se puede cambiar. Si, por ejemplo, estás enfadado con tu pareja porque esperas que él o ella cambie sus rasgos de carácter fundamentales y le regañas o reprendes muchas veces, entonces estás amargando la vida tanto a tu pareja como a ti. Y no sirve para nada en absoluto. Rara vez se pueden cambiar los rasgos de carácter fundamentales.

O si continúas enojado con tus ancianos padres, dentro de esta ira se esconde probablemente una esperanza de que lo ocurrido pueda llegar a no haber sucedido; que de algún modo milagroso, puedas conseguir lo que no obtuviste en la infancia; que el padre o la madre al final cambien, y vosotros podáis vivir felizmente juntos como en los cuentos.

A menudo estamos enojados hasta que nos volvemos lo suficientemente fuertes como para afrontar nuestra pérdida y asumir la realidad tal como es. El día en que te atrevas a abandonar una discusión desesperada, la ira se convertirá en pena. Y la pena tiene la ventaja frente a la ira de que reclama el cuidado de otras personas, por lo que recibes ayuda. Además, hay un proceso en la pena. Una pena sana dura un buen rato, hasta que te liberas por la aflicción de lo que has perdido y llegas a estar listo para secarte los ojos y mirar en busca de posibilidades. La ira, por otro lado, puede transformarse en amargura y durar el resto de la vida.

El tipo de ira que esconde una esperanza en sí se manifiesta en muchas relaciones, por ejemplo, con exparejas, hermanos o jefes. Si llegas a ser consciente de la esperanza y la lucha, puedes encontrar más fácilmente el camino hacia delante. Si puedes hallar la esperanza en la ira y cambiar la realidad, si es posible, o abandonar la esperanza y liberarte de la aflicción, estás listo para empezar una nueva vida.

Cuando te has liberado de la aflicción de lo que no obtuviste en la infancia o, por ejemplo, de tu pareja, llegas a estar en condiciones de ver a los padres y a los demás como las personas que son, con méritos y limitaciones, más o menos igual que tú. Y aunque no puedas tener una nueva infancia o dar marcha atrás en el tiempo y comenzar la relación de pareja desde el principio, las relaciones pueden adquirir un carácter totalmente nuevo cuando dejas de intentar arrancar a otros lo que no tienen y abandonas el deseo de cambiar la realidad y a los demás.

Si tú mismo afrontas la ira, por ejemplo, de tus hijos adultos, puedes introducir la impotencia en la conversación diciendo algo así: «Desearía poder darte una nueva infancia». O al amigo que afirma que has echado a perder su cumpleaños yéndote de su casa antes de tiempo: «Desearía haber sido capaz de hacerlo mejor».

Evita la moralización

«Debería» es una palabra que es buena para moralizar con ella. Puedes moralizar sobre ti mismo o sobre otros. «Debería haber tenido más energía para mis hijos», es un ejemplo de un juicio moral sobre ti mismo. Diriges la ira hacia dentro y te atacas a ti mismo.

También puedes levantar el dedo índice para moralizar a otro. «Deberías haber pensado algo más en mí» o, todavía peor, «Después de todo lo que he hecho por ti, deberías, al menos, manifestar tan sólo un poquitín de agradecimiento». Si te gusta sobreexcitarte por dentro, puedes comenzar a pensar en conductas morales, ya sea en relación contigo mismo o con los demás. ¡Funciona!

Si eres PAS, generalmente te inclinarás más a moralizar sobre ti mismo que sobre otros. Cuando no cumples con tus propios criterios, atacarte a ti mismo puede convertirse en una mala costumbre. «Tenía que haberlo hecho mejor; después de todo lo que mis padres han hecho por mí, debería haberme mostrado más entusiasmado cuando me llamaron por teléfono». Puedes, de este modo, llegar a sobrecargarte con juicios negativos dirigidos contra ti mismo. El resultado es que te sobreestimulas y te agotas.

De «debería» a «desearía», de ira a pena

Se puede distinguir entre deseos y esperanza. La esperanza preferiblemente debe ser conforme a la realidad. Si la esperanza se extiende en el país de las maravillas, puedes malgastar mucha vida y muchas fuerzas en algo que, en definitiva, es imposible. Un ejemplo puede ser la mujer que permanece en un matrimonio sin amor esperando que su marido un día cambie sus rasgos de carácter fundamentales. Le ayudaría más abandonar esa esperanza. Sin esperanza en el cambio del marido, podría relacionarse mejor con su realidad tal como es hoy, y sobre esa base, determinar si quiere aceptarla o marcharse de casa.

Con los deseos es distinto. Es posible que desees algo completamente imposible. Por ejemplo, que un difunto pudiera volver sólo por un momento. Tú mismo no decides lo que en el fondo deseas. Si prefieres colores amarillos o azules, no lo decides tú mismo, sino que tienes que encontrar la respuesta escuchando a tu interior. En cierto modo, se puede decir que tú eres tus deseos. Quizás eres alguien que desea estar el mayor tiempo posible en la naturaleza.

Los deseos están llenos de vida. Puede hacer daño notar tus deseos si vives una vida que es muy distinta de la que desearías. En ese caso, en el fondo estás en contacto con tu pena y contigo mismo. Por mi propio bien, prefiero estar en contacto con mi propio dolor y sentir que estoy viviendo, en lugar de experimentar la sensación gris y plana que proviene de tapar demasiado lo que duele.

Cuando moralizas sobre ti mismo o sobre otros, estás en contacto con tu ira, que luego diriges o hacia fuera o hacia dentro. Cuando estás en contacto con tu deseo, notas el dolor si no se puede cumplir, y la alegría si es posible alcanzarlo.

La ira es, por regla general, una capa más superficial. Cuando muchas personas permanecen mucho más en la ira que en los sentimientos vulnerables que se encuentran debajo, puede tener varias causas: tal vez no puedas encajar el dolor que se encuentra debajo de la ira, o tal vez no puedas soportar la sensación de impotencia que implica reconocer que hay algo que no puedes obtener o sobre lo que no tienes influencia. Mientras estás encolerizado, hay algo por lo que luchar. Cuanto más luchas, menos te hace falta notarlo.

Algunos pueden sentirse mejor ocupándose en dirigir su ira contra sus ancianos padres antes que afrontar que lo pasado pasado está. No se puede rehacer la infancia. Obtuviste las heridas que recibiste, y has llegado a vivir con las pérdidas que hay en ella. El día en que puedas asumir esa realidad, la ira se convertirá en pena.

Y en la pena hay curación. La pena es un proceso que lleva su tiempo. Cuando estás afligido, puedes aceptar más fácilmente los cuidados y el amor de otras personas que cuando estás encolerizado. Cuando estás enfadado, las oportunidades de que se te ofrezcan cuidados son también mucho menores. La ira pone distancia donde la pena reclama cuidados.

«Debería poder con lo mismo que otros» se puede cambiar a «desearía poder con lo mismo». Aquí se ha retirado la culpabilidad y se ha hecho sitio para la pena. Y «deberías haberme ayudado algo más» se puede cambiar a «desearía que me hubieras ayudado algo más» o, todavía más breve, «he echado de menos tu ayuda».

Espero que tú, lector, puedas notar que entras en vibraciones totalmente distintas cuando hablas a partir del deseo que cuando moralizas con «debería». Si es necesario, prueba tú mismo a tomar uno de tus típicos juicios sobre ti mismo o sobre otros y reformúlalo a «desearía» o «echo de menos». Y luego observa qué cambio se está produciendo en tu sensación interior de ti mismo. Llega más paz, aunque pueda ser triste, pero para un sistema nervioso sensible, es mucho mejor que la ira.

Capítulo 6

Culpa y vergüenza

Culpa real

Se puede hablar de dos formas de culpa:

- Culpa real: una señal de que hay algo que he hecho que ha molestado a otro.
- Culpa exagerada: cuando el sentimiento de culpabilidad es desproporcionado.

Culpa y poder son dos facetas del mismo asunto. El que tiene la culpa tiene también el poder. Si no puedo ser culpable de que llueva en el cumpleaños de mi madre es porque no tengo ningún poder sobre el tiempo. Por el contrario, puedo ser cómplice si ella se siente sola en su cumpleaños. Y es que podía haber ido a verla, a menos, por supuesto, que yo esté tumbada en el hospital con dos piernas fracturadas.

Si tu sentimiento de culpabilidad es proporcional a la influencia que hayas tenido, la culpa es real. Has sido causa de la alegría o el dolor de otro. Si es así, algunas veces es una buena idea intentar repararlo. Tal vez puedas preguntar: «¿Hay algo que pueda decir o hacer para que disminuya tu dolor?». Incluso cuando no lo haya, casi seguro que el otro se alegrará de que se lo hayas preguntado.

Presentar una disculpa y ofrecerse a repararlo no suele resultar difícil a las personas sensibles. Estás probablemente mucho más inclinado a caer en la otra zanja, donde tus sentimientos de culpabilidad son exagerados, y también tus disculpas.

Quizás algunas veces será bueno para ti que intentes dejar de disculparte siempre y, en su lugar, soportes la mala conciencia. Y es que es un precio que algunas veces tienes que pagar para elegir tú mismo. El psicoterapeuta Bent Falk, miembro de la Asociación Danesa de Fisioterapeutas y licenciado en Teología, llama a la culpa el impuesto existencial. Si, por ejemplo, has decepcionado a tu abuela escogiendo otros estudios diferentes a los que ella te recomendó, puedes, en lugar de intentar repararlo con muchas disculpas, explicaciones u otras prestaciones, decirte a ti mismo que la mala conciencia, es decir, la conciencia de haberla decepcionado, es el precio que tienes que pagar para ser fiel a ti mismo. Y tal vez la lealtad a ti mismo valga la pena.

Sentimientos de culpabilidad exagerados

Si te sientes culpable de algo sobre lo que no tienes poder, se trata de un sentimiento de culpabilidad exagerado. Lo mismo si asumes toda la culpa por algo sobre lo que sólo tienes influencia limitada. Si crees que exclusivamente es culpa tuya que el ambiente fuera malo la última vez que tuviste visitas, sobrevaloras tu propio poder e importancia.

Algunos opinan que la culpa, en realidad, es ira que se ha vuelto contra uno mismo. Seguramente es así en algunas ocasiones. Para mí, la mayoría de las veces tiene más sentido ver los sentimientos de culpabilidad exagerados como una defensa contra la impotencia y la pena.

Puede, por ejemplo, ser más fácil sentirse culpable de un mal matrimonio que hacer frente a que el cónyuge ya no nos ama, si es que es así. Quien tiene la culpa es el que puede marcar la diferencia. Si crees que lo malo del matrimonio es culpa tuya, puedes comenzar a mejorar. Y mientras estés ocupado con eso, puedes, al mismo tiempo, evitar darte cuenta de quién depende lo malo.

Algunas personas se sienten culpables si caen enfermas. Se dicen a sí mismas que tiene que ser porque no han comido suficientemente sano, no han hecho bastante ejercicio o cualquier otro motivo por el que recriminarse. El que tiene la culpa tiene también el poder. Si yo mismo soy culpable de la enfermedad, probablemente también tengo poder para hacerla desaparecer. ¡Así que puedo empezar a cambiar mi estilo de vida! Aquí se pasa por alto el hecho de que es incuestionable que la vida terminará, por lo que lo mismo da, por muy sano que viva, jamás podré prevenirme totalmente contra las enfermedades. Y la muerte, sin duda, acabará conmigo antes o después.

Si te atreves a sentir la incertidumbre de la vida y tu propia impotencia, no necesitas agobiarte con una culpa excesiva.

Los niños asumen con mucho gusto la culpa de cualquier mal ambiente en el hogar. Y es que es más seguro tener él mismo la culpa, y, con esto, también el poder, que estar confiado a padres que quizás tienen carencias en sus competencias como padres. El hijo que asume él mismo la culpa puede empezar a mejorar. Intenta ser tan formal y dócil como le sea posible. La alternativa para el niño es asumir que los padres tienen defectos, y eso puede parecerle demasiado aterrador.

Algunas personas se van a la tumba con un concepto ideal indiscutible sobre la infalibilidad del padre y de la madre, y, por lo general, con los correspondientes conceptos negativos exagerados sobre sí mismas. Cuanto peor y cuanto más sin amor ha sido la infancia, tanto más fuerte suele ser la idealización de los padres.

A veces es bueno establecer una relación con los padres como adultos, ya que ahora podemos asumir una realidad que cuando éramos niños no podíamos aceptar. Revivir la infancia en la memoria, tal vez con un terapeuta, puede hacernos sentir y expresar los sentimientos que no nos atrevimos a notar cuando éramos pequeños y dependientes. Posteriormente, la imagen del padre y de la madre puede cambiar, y también la imagen de uno mismo. Algunos de los sentimientos exagerados de culpa experimentados en la infancia pueden desaparecer, y eso puede ser un gran alivio.

Trabajar concretamente con sentimientos de culpabilidad

Algunas veces nos vamos a los extremos y pensamos que o todo es mi culpa, o no es mi culpa en absoluto. La verdad está la mayoría de las veces en algún punto intermedio. A continuación encontrarás una tarea que puedes realizar cuando te sientas culpable. Es una forma de examinar si tus sentimientos de culpa son adecuados o desproporcionados.

Supongamos que te sientes culpable por la desgracia de otra persona, por ejemplo, tu hermana deprimida. Haz una lista de todos los factores que afectan al bienestar de ella. La lista podría ser como ésta:

- Su relación de pareja.
- Su situación laboral.
- Su infancia.
- Su economía.
- Sus competencias sociales o la carencia de las mismas.
- Su salud.
- Sus relaciones sociales.
- Yo (su hermano/a).

Una vez hecha la lista, puedes poner porcentajes en cada uno de los factores según lo mucho o poco que crees que la influencia. Por ejemplo, infancia infeliz 12 %. Falta de competencias sociales 13 %. Empleo 24 %. Salud 11 %. Por último, puedes hacer un gráfico de tarta que ilustre los diferentes componentes en porcentajes.

A menudo hago el gráfico de tarta con clientes que han asumido muy poca o demasiada culpa. Este último caso suele darse cuando el cliente es altamente sensible.

El gráfico de tarta resulta a veces una gran revelación. Algunos se sienten aliviados al pasar de «todo fue culpa mía» a «el 5 % fue culpa mía». Pero no sólo es gratificante por deshacerse de la culpa excesiva. Para algunos, también es un poco desalentador ver cuán poco poder tienen realmente sobre la situación.

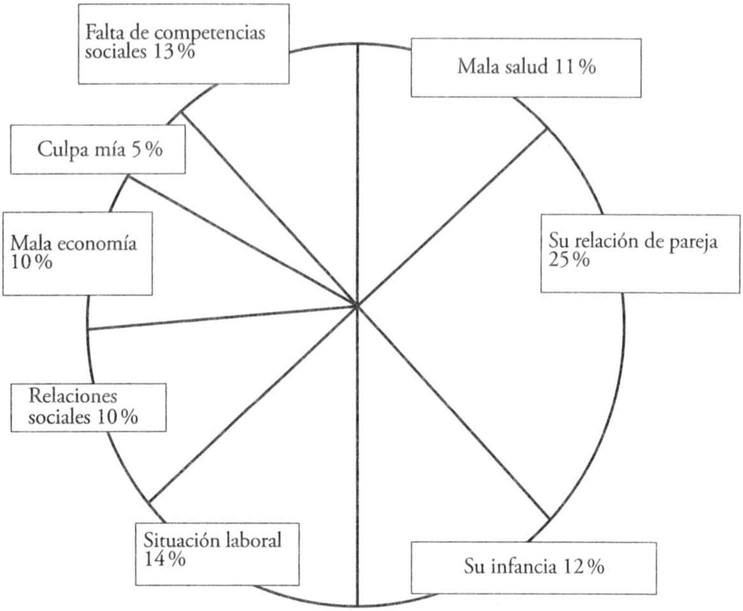

Sentimiento de vergüenza

Mientras que en la culpa se trata de algo que has hecho, en la vergüenza se trata de toda tu existencia. Si te sientes culpable, generalmente podrás decir qué es lo que has hecho o descuidado que despierta tu sentimiento de culpa. Posteriormente, puedes ofrecerte a hacerlo bien de nuevo si la culpa es real o trabajar con ella si no lo es.

Es distinto con la vergüenza. Es muy posible que te avergüences sin poder expresar de qué se trata el sentimiento de vergüenza. Suele ser una sensación de estar equivocado junto con la ansiedad de que se revele. Normalmente quieres esconderte cuando te da vergüenza. Tal vez reaccionas con enojo si alguien se acerca.

La vergüenza es un sentimiento de ser fundamentalmente defectuoso. Es difícil hablar de ella. Con frecuencia, uno se avergüenza también de avergonzarse, y estará poco dispuesto a decir algo sobre ello.

La vergüenza puede surgir si no te han reconocido en la infancia. Digamos que has experimentado querer mostrar o dar algo al padre o a la madre y que o hicieron caso omiso, o lo rechazaron, o directamente te reprendieron.

Imagínate un niño pequeño que nota que su madre está triste. El niño sube gateando al regazo de su madre y pone sus brazos alrededor del cuello de ella. Si la madre entonces se levanta y dice que tiene prisa, y que el niño, si quiere ser bueno, debe salir a jugar, el niño obtendrá sobre eso la experiencia de estar errando. Si con frecuencia sucede algo similar cuando el niño va y ofrece su cariño, el niño puede avergonzarse de su deseo de ofrecer cariño a los demás. Tal vez deje de mostrar cariño, o peor: deje de sentirse a sí mismo cuando tenga ese deseo.

Otro ejemplo podría ser el niño al que, cada vez que se queda solo en su habitación, le dicen que los niños sanos salen a jugar con los demás. El niño tendrá la sensación de estar errando cuando se quede en su habitación. Después, tal vez sólo lo hará a escondidas. Y si alguien pilla al niño en este comportamiento, se avergonzará.

Muchas personas se van a la tumba con sentimientos de vergüenza sobre los que jamás se han atrevido a hablar con nadie. Otros luchan contra la vergüenza y encuentran la libertad de ser ellos mismos.

Lo que puede disolver el sentimiento de vergüenza es una nueva vivencia que neutralice la experiencia anterior. Supongamos que el niño que se avergonzaba de sus ganas de dar cariño, a pesar de eso un día se aventura de nuevo a ofrecer su cariño a otra persona. Quizás el niño ahora se ha hecho adulto y su entorno le reclama más cariño. Se sentirá lleno de angustia y torpe para hacerlo al principio, pero si el cariño es aceptado de buena forma, ha adquirido una importante nueva experiencia. Y cuanto más practique, más natural irá siendo el comportamiento y la vergüenza puede desaparecer por completo.

Si te avergüenzas de tu sensibilidad

Las personas altamente sensibles suelen avergonzarse de...

- Que algunas veces deseas que otras personas estén muy lejos.
- Que no eres rápido en la respuesta. Puede que temas que otros te perciban como alguien que no dice la verdad, ya que piensas durante tanto tiempo.
- Que no puedes mantener el ritmo de los demás.
- Que no puedes, sin más, tomar las cosas igual de a la ligera que el resto.
- Que con frecuencia te encuentras en situaciones en las que básicamente no te involucras en la conversación que te rodea porque la encuentras superficial.
- Que a menudo te agotas antes que todos los demás.

Si hay mucho de ti que te da vergüenza y que intentas ocultar, las conversaciones se vuelven difíciles. Las palabras no pueden fluir libremente sin más. Te ves obligado a gastar energía en guardar los secretos.

Uno de los modos en que los PAS encuentran el valor para abrirse es oyendo contar a otros sensibles. En mis cursos para altamente sensibles, puedo ver cómo es contagioso cuando uno empieza a contar con franqueza sobre sus límites. Otros le siguen y la alegría del reconocimiento es grande cuando se reconocen el uno al otro.

Estar en compañía de otros que saben que se avergüenzan por lo mismo es un alivio muy grande. Después, muchos de ellos se van a casa y empiezan a poner palabras a algo que, en otras ocasiones, ocultaban. Y así están en el camino para salir de la vergüenza.

«He comenzado a ponerme de acuerdo con mi madre cuando viene a visitarme respecto a la hora a la que llega y a la que se irá. Digo ahora con total franqueza: "Madre, sabes que me encanta ser sociable, pero sólo en pequeñas dosis. El trato social ininterrumpido durante bastante tiempo me agota".

»Al principio, mi madre hizo algunos comentarios sobre mi cambio de comportamiento. Ahora se ha acostumbrado a que es así como soy. Yo, en cambio, he empezado a alegrarme de su visita. Se ha vuelto mucho más fácil para mí porque sé cuándo regresará a su casa».

Ingerí, 50 años

Capítulo 7

Situaciones en la vida

Dificultades en la relación de pareja

Muchos altamente sensibles optan por vivir solos. Eso nos da buenas posibilidades para obtener la paz y la tranquilidad que nos gustan. Pero al mismo tiempo, puede que, de vez en cuando, nos sintamos demasiado solos. Puede ser un difícil dilema:

> «Me gustaría encontrar un novio, pero difícilmente puedo afrontarlo si él espera que asista a todas las fiestas de cumpleaños de su familia. Tengo bastante mala conciencia por desatender a la mía».
>
> Hanne, 45 años

De altamente sensibles que viven en relación de pareja, oigo a menudo que es difícil encontrar suficiente tiempo y espacio para estar solos.

> «Si no llevo a cabo por lo menos la mitad de las tareas domésticas y el cuidado de mis hijos, mi mujer se siente aban-

donada y monta escenas. Odio cuando se vuelve tan sentimental. Mi sistema nervioso se desequilibra. Por tanto, lucho para tener mi espacio. Con frecuencia, me siento cansado. En el peor de los casos, estoy tan sobreestimulado que pierdo el contacto tanto hacia fuera como hacia dentro. En esos días siento anhelo del sueño eterno.

»En mi taller encuentro, de vez en cuando, un poco de paz. Me encanta ir y estar pendiente de mí mismo. Sin embargo, la paz rara vez dura mucho tiempo. A mi mujer le parece que es más importante que tenga ordenadas las cosas en la casa, o que por lo menos lleve conmigo a los niños al taller».

Kasper, 35 años

Si tu pareja es una persona fuerte y extrovertida, que comprende y respeta que tú seas sensible, puede haber muchas ventajas en vuestra convivencia. Por lo general, no tendrá nada en contra de ser quien siempre conduzca el coche, quien lleva la carga más pesada con respecto a salir de compras a centros comerciales e ir con los niños a encuentros deportivos, etc. Como él o ella duerme bien por la noche, probablemente tampoco le importe que le interrumpas el sueño si estás en vela y necesitas un abrazo.

Si tu pareja fuerte no tiene esa plena comprensión, se vuelve difícil. Quizás, por una parte, puede ver que tendrá que mostrar cierta consideración. Pero si, al mismo tiempo, aprovecha la ocasión para darse aires de importancia diciendo o teniendo una actitud como, por ejemplo: «Menos mal que yo tengo tantas fuerzas, cuando tú siempre estás tan cansado/a», o si suspira cada vez que tiene que hacer sus actividades extrovertidas solo/a o echar una mano extra, seguramente te hartarás de ello y llegues a sentirte como una carga. Algunos han vivido junto a una pareja así durante muchos años. Por regla general, tienen uno o varios síntomas de estrés.

Algunos optan por divorciarse. Es una decisión difícil:

> «Los cambios de humor de mi marido entraban profundamente en todo mi sistema. No podía seguir resistiéndolo. Por fin opté por divorciarme. Fue muy duro. Disgusté a un montón de personas por ello, y es, en realidad, lo que menos deseo».
>
> Line, 42 años

Otros encuentran una pareja que también es altamente sensible:

> «En mi tercer intento, encontré mi alma gemela. Visto desde fuera, estoy seguro de que nuestro matrimonio parece aburrido. Donde más estamos es en nuestra propia casa porque a ninguno de nosotros nos agrada conducir el coche. A menudo estamos juntos sin decir una sola palabra. Pero notamos ambos una profunda presencia, y le confío a ella incluso los rincones más apartados de mi interior que yo mismo apenas conozco lo suficiente».
>
> Egon, 62 años

Si te cuesta acercarte del todo a una relación de cariño, ya sea ahora en una relación de pareja, con un miembro de la familia o con un amigo, puedes disfrutar leyendo mi libro. *Kom nærmere – om kærlighed og selvbeskyttelse* (Acércate – sobre amor y autoprotección).

Ser un progenitor altamente sensible

Algunos altamente sensibles optan por no tener hijos. Otros optan por conformarse con un solo hijo. Es duro ser un progenitor altamente sensible.

> «Es difícil conseguir el descanso que necesito. Si salgo al baño para sentarme un poco en paz, ella grita en seguida: "Mamá, mamá, ¿dónde estás?"».
>
> Maja, 38 años

Otros asistentes a cursos han contado que tuvieron que pedir a su hijo adolescente que se fuera de casa debido al ruido, el caos y la imprevisibilidad asociados con tener niños en casa de esa edad.

Si eres un alma sensible, tienes por lo general muchas cualidades como progenitor. Eres probablemente intuitivo y atento, y bueno para adivinar las necesidades de tu hijo. Es muy posible que también seas sensato y que hagas todo lo que puedas para ser un buen progenitor.

Además de eso, probablemente tienes unos altos criterios de lo bueno que te gustaría ser. Y tal vez te resulte vergonzoso reconocer que no siempre puedes vivir conforme a tus propios criterios.

El problema es que la energía se agota, y te entra la necesidad de retirarte. Y si eso no es posible, te vuelves irritable, y esa empatía, de la que, en otras ocasiones, tienes tanta, puede desaparecer por completo.

Si hay dos progenitores, podéis descargaros mutuamente y turnaros para hacer un descanso. Si estás sola o solo con un hijo o varios, es una buena idea procurarte el mayor apoyo posible.

Yo misma he estado sola con dos hijos. Se puede hacer bien, pero con frecuencia me he avergonzado de que mi capacidad como progenitora no fuera mayor de lo que era. Por ejemplo, no iba a todas las reuniones de padres. Y mis hijos aprendieron ellos mismos muy pronto a levantarse e ir al colegio por la mañana. Cuando contaba de otros padres que se levantaban y hacían bollos para sus hijos, notaba una punzada de dolor. Me gustaría haber dado lo mismo a mis hijos.

Pero todo el estrés que conllevaba hacer salir por la puerta a mis dos hijos, de los cuales uno no se levantaba hasta el último momento, era tan cargante para todo mi sistema que tenía que pasar mucho tiempo para calmarme y llegar a estar en condiciones de concentrarme a continuación en mi trabajo.

Entonces descubrí que si me quedaba en la cama por la mañana con tapones en los oídos y me levantaba cuando mis hijos ya estaban fuera de la casa y me daba a mí misma una mañana tranquila, podía arreglármelas mucho mejor durante el día. Pero recibí muchas alusiones de gente en el consejo parroquial, donde yo era pastor, con preguntas sobre cuándo me levantaba en realidad. Preguntas de las que me evadía porque me avergonzaba.

Hoy sigo estando afligida porque hay cosas que no he podido dar a mis hijos. Me gustaría haber tenido un excedente de energía, sin embargo no lo tuve. Pero pasó como pasó, y ya no estoy enfadada conmigo misma. Hoy tengo dos hijos adultos que pueden valerse por sí mismos y que se las arreglan bien.

Capítulo 8

Dolencias psíquicas

Vulnerabilidad frente a angustia y depresión

Como altamente sensibles, somos vulnerables frente a la angustia y la depresión. Ello no radica en el rasgo de carácter en sí. Sólo nos afecta si no nos hemos criado en entornos seguros y que nos apoyaran. En cambio, no hace falta tanto para hacer insegura una infancia para un altamente sensible. Vivencias que no afectan a un niño más fuerte pueden asentarse como traumas en nosotros.

Muchas personas sensibles tienen problemas con la angustia. Como PAS, solemos tener una buena fantasía y una facultad imaginativa pronunciadamente fina. Somos buenos para imaginarnos nuevas posibilidades, y también para imaginarnos qué puede salir mal. Es una capacidad que nos pone en condiciones de tener en cuenta muchas cosas. Evitamos accidentes y equivocaciones a causa de esto. Y, al mismo tiempo, nos preocupamos más.

La angustia en sí es natural

La angustia en sí es natural. Algunos tienen muy poca angustia. Se vuelven temerarios y eso puede ser peligroso. Cuando enviamos a nuestros hijos al extranjero, la mayoría de nosotros esperamos que sean suficientemente miedosos para no entrar en calles peligrosas en grandes ciudades extrañas por la noche.

A los jóvenes altamente sensibles se les puede enviar a otros países con tranquilidad. Tienen mucho cuidado. Son más prudentes con los estupefacientes, es más raro que quebranten la ley y son mejores conductores que otros, ¡si es que se atreven a sacarse el carnet de conducir!

Se puede tener angustia en diferentes grados, desde una ligera inquietud hasta una angustia de pánico galopante. Algunos de mis clientes empiezan contando que no conocen la angustia. Pero cuando hablo un poco más sobre qué es la ansiedad, a menudo es sorprendente que algunos de los síntomas que tienen son en realidad un grado de ansiedad. A continuación, verás una representación esquemática de varios síntomas de ansiedad.

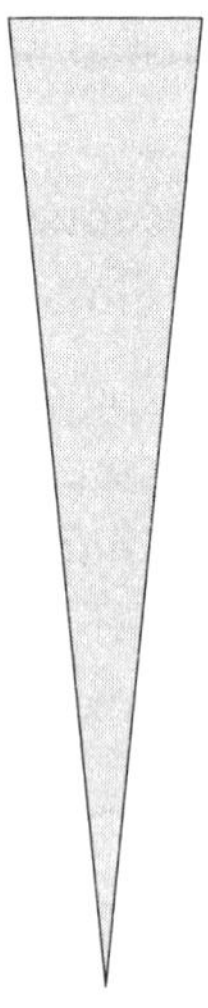

Galope cardíaco.
Opresión de pecho.
Problemas con la respiración.
Temblor.
Sudor.
Piernas de gelatina.
Vértigo.
Dolor del músculo de deglución.
Sensación de estar sobre ascuas.
Sin reposo.
Nerviosismo.
Temor.
Preocupación.
Dificultad para relajarse.
Leve inquietud.

Las personas que afirman que no tienen miedo en absoluto no han comprendido correctamente la realidad. Y es que la vida es peligrosa. Moriremos, y no sabemos cuándo. El día de mañana no lo conocemos, y las consecuencias de las elecciones que hacemos hoy quizás no las veamos hasta dentro de varios años. Una cierta inseguridad en la vida es totalmente natural.

Si, por el contrario, la angustia inhibe tu vida, es una buena idea buscar tratamiento. En terapia cognitiva puedes, en pocas sesiones, quitar la parte superior de la angustia, y puedes aprender diferentes técnicas para manejarla. Las mismas herramientas cognitivas surten buen efecto en la depresión.

Sin embargo, sólo en pocos casos la terapia cognitiva soluciona todo el problema. Pero puede asumir la ansiedad y el fondo de la infelicidad, y decididamente vale la pena incluirla. Después hay energía liberada para que tú también puedas trabajar contigo mismo de otros modos.

Cansancio y depresión

La depresión se caracteriza por el pensamiento negativo sobre uno mismo y sobre las posibilidades de futuro. Uno se cansa de pensar negativamente. Y pensamos de forma más negativa cuando estamos cansados. Estamos dentro de un círculo vicioso. El círculo se puede romper de dos modos.

Puedes hacer algo para cansarte menos. Y esto es lo que los depresivos a menudo intentan buscando la cama y tratando de dormir mucho. Aquí es importante saber que el cansancio, algunas veces, es una infelicidad disfrazada. La infelicidad no se puede eliminar durmiendo. Y, por tanto, algunas veces es una idea bastante mala estar acostado en la cama cuando el humor es melancólico. Mucho más que sueño, necesitas, en estos casos, vivencias de éxito. Y las vivencias de éxito comienzan, por regla general, dejando a un lado la comodidad a corto plazo para alcanzar algunos objetivos a largo plazo.

Si te fijas metas bajas, puede que sólo salir de la cama y vaciar el buzón sea una vivencia de éxito. Incluso si no puedes sentir lo que quieres, intenta hacer algo que te guste. Posiblemente algo que quizás recuerdes que alguna vez te gustó hacer. Tal vez la alegría te llegue con la actividad. Las actividades placenteras aumentan nuestro nivel de energía. Encuentra inspiración en la lista del final del libro. O usa la estrategia de Jens:

> «Cuando lo paso muy mal, busco y saco a la luz mi lista de cosas por hacer. Veo una tarea que lleva allí mucho tiempo, y que sé que me dará satisfacción tachar. Posiblemente sea algo muy poco placentero. Por esa razón lleva ahí tanto tiempo. No importa que sea desagradable. Mi humor está, de todos modos, por los suelos, así que no puede empeorar mucho. Luego cuando he acabado, por ejemplo, de limpiar el desagüe, sé que mi humor sube algunos grados. Quizás sólo de menos 8 a menos 7, pero puedo notarlo bien, y eso me da esperanza».
>
> Jens, 55 años

Emociones y pensamientos están íntimamente ligados. El modelo cognitivo básico

Emociones y pensamientos se influyen en una interacción recíproca. No puedes controlar directamente tus propias emociones. Si recibes un regalo de Navidad que te parece que es feo, no puedes decidir estar alegre por eso. Como máximo, puedes fingir. Del mismo modo, tampoco puedes prescindir de estar enfadado o celoso, aunque sería mucho más cómodo para ti carecer de estas emociones.

Cuando, no obstante, no eres totalmente impotente frente a tus emociones, es porque puedes influenciarlas a través de la mente. No puedes regir directamente tus emociones, pero puedes, hasta cierto punto, regir tus pensamientos, y puedes elegir adónde dirigirás tu foco de atención.

El mismo suceso puede poner en marcha muchas emociones diferentes dependiendo de cómo lo pienses. Digamos que encuentras a un colega en la calle y no te saluda. Puedes pensar en eso de diferente modo. Si piensas: «Probablemente está enfadado conmigo», quizás tengas miedo. Si piensas: «¡Qué se ha creído! Debería haber saludado», te enfadas. Si piensas: «Probablemente no me vio», el sentimiento será neutral, y si piensas «Probablemente no vea bien; bueno, mi vista sigue siendo tan buena que incluso puedo ver sin gafas», entonces te alegras.

Si tienes propensión a la depresión, tendrás una tendencia a pensar de forma exageradamente negativa. Una persona deprimida que encuentra a un colega que no saluda se arriesga a que el suceso ponga en marcha toda una cadena de pensamientos negativos. Por ejemplo: «¿Por qué no le gusto? Es quizás porque llegué un poco tarde el lunes pasado. Una vez el año pasado llegue también demasiado tarde. Todos los demás tienen dominio sobre todo. Yo soy diferente, y no puedo entender las cosas. Seguramente ha descubierto lo raro que soy en realidad...».

Si eres propenso a pensar negativamente, puede beneficiarte recibir ayuda para regir tus pensamientos algo mejor y detener series de pensamientos negativos antes de que comiencen.

En el futuro, piensa en qué preguntas te haces a ti mismo. Si preguntas: «¿Qué me pasa para que no tenga nada de éxito?», diriges tu foco de atención hacia tus errores. Si, por el contrario, preguntas: «¿Por qué no he acabado como un sin hogar en la calle?», diriges tu foco de atención hacia tus recursos, y si preguntas: «¿Por qué no pienso en ahorcarme en la barra de la cortina», diriges tu foco de atención hacia lo que te da alegría, tu esperanza y tus valores.

No se trata de pensar de la manera más positiva que se pueda. Si eres demasiado cándido, saldrás malparado. Si pienso que da lo mismo lo que diga, a la gente le parecerá que es apasionante. Entonces podría no molestarme en prepararme para un curso o conferencia. Y a la larga, nadie escucha a alguien que no se haya preparado adecuadamente.

Se trata de pensar de la manera más realista posible. Si percibes que tu mundo exterior es demasiado positivo, necesitas que se te lave el brillo color de rosa de las gafas para poder ver el mundo más como es. Entonces estarás mejor preparado para navegar por él.

Si eres proclive a pensar negativamente, necesitas que se te limpie el brillo oscuro de las gafas, de modo que puedas ver mejor el mundo y a ti mismo sin distorsiones negativas. Si se logra, se elevarán tu humor y tu nivel de energía.

Si eres muy sensible, probablemente te quedará un cierto grado de pensamiento negativo. No esperes que puedas llegar a tomar las cosas igual de a la ligera que personas más fuertes. Estar en guardia es una parte de tu naturaleza. Y es, hasta cierto punto, inteligente, porque las sorpresas negativas te afectan más duramente que a otros. Tu sistema nervioso de alta sensibilidad se desequilibra más fácilmente.

A veces es inteligente que te prepares para lo peor

Tal vez sabes que otros te dicen que te lo tomes con calma y no te preocupes por eso. Funciona bien para personas más fuertes.

Para las personas con un sistema nervioso sensible, la situación es diferente.

«Con regularidad vamos a revisión con nuestro hijo, que ha nacido con un defecto cardíaco. Siempre he tenido la costumbre de prepararme para lo peor y pensar en la situación de que podría necesitar cirugía. Todo salió bien durante muchos años y recibí muchos comentarios porque todavía estaba preocupada. Amigos bien intencionados me propusieron que lo mirara con más ganas y sólo esperara lo mejor en lugar de pensar tan negativamente.

»Una vez, me presenté a la revisión habiendo seguido el consejo de los amigos. Estaba llena de confianza. "Sin duda, va a ir bien", me dije mientras entraba con mi hijo por la puerta corredera al hospital. Pero no fue así. Al menos no como esperaba. La respuesta fue negativa. Tenía que ser operado.

»Sufrí un shock, me quedé de una vez tanto abrumada como totalmente vacía. Era como si la cabeza perdiera la unión con el resto del cuerpo. No me hicieron las preguntas pertinentes. Estaba tan conmocionada que no pude estar allí para mi hijo de 12 años, que estaba asustado. Cuando volví a casa, me derrumbé completamente, todo se puso negro, y tardé mucho tiempo en reponerme de nuevo.

»Hasta la operación, aprendí a escucharme a mí misma. Pensé en todo, me había enterado a fondo de cómo iba a ser la operación. Había mirado imágenes, y me había preparado para aquello que podía ser desagradable presenciar. Incluso me había preparado tan bien como pude para la difícil situación en la que pudiera acabar acompañándole a la tumba. Durante toda la operación, fui capaz de estar de pie y permanecer presente al lado de mi hijo. Incluso cuando se le debió sacar del respirador, y su padre tuvo que irse fuera, porque llegó a ser demasiado para él, yo me quedé. Estaba preparada.

»Ahora siempre estoy preparada para lo peor cuando vamos a revisión. La familia puede seguir diciéndome que les parece que debo ser optimista y que deje de anticipar las penas. Ahora sé que debo escucharme a mí misma. A raíz del shock que sufrí, me parece que la energía que uso en prepararme para lo peor está bien gastada. Y, cada vez que la respuesta es positiva, me regocijo dentro de mí misma».

Louise, 41 años

Si tienes un sistema nervioso sensible, a menudo es una buena idea prepararte emocionalmente para lo peor que puedas imaginar. De ese modo no te abrumarás tanto cuando estés en la situación.

El rasgo de carácter altamente sensible visto desde fuera puede parecer un trastorno de ansiedad

Tomemos a una persona altamente sensible que evita encontrarse con extraños. Para otros puede parecer como si tuviera miedo de otras personas. Terapeutas bien intencionados le alentarán a exponerse a aquello de lo que tiene miedo, preferiblemente varias veces al día durante un período de tiempo. Y es que creen que después le resultará más fácil encontrarse con extraños. En un proceso de terapia con un terapeuta que no conoce lo que quiere decir ser altamente sensible, esa persona podrá tener la tarea de ir a buscar sitios donde haya muchos extraños y practicar contactarlos.

El problema, sin embargo, es que la razón de que evite a los extraños es otra. No es porque tenga miedo. Es muy estimulante conocer extraños, por lo que se protege de eso. Si se le presiona para que se encuentre con extraños, se agota, y su empatía y su percepción de la situación, en otras ocasiones buenas, disminuyen. Eso puede fácilmente provocar malas experiencias, que, contrariamente a la intención, aumentan su malestar con los extraños.

Algunas personas altamente sensibles han tenido malas experiencias al ir a terapia con un terapeuta no tan sensible que les ha animado a intentar ser como la mayoría de los demás. Se les ha incitado a trabajar en superar sus inhibiciones y asumir algunos riesgos más, dejar de pensar antes de hablar e intentar ser más espontáneos.

Otro ejemplo puede ser un altamente sensible que experimenta malestar en el comedor durante el descanso para almorzar. Puede que un terapeuta le diga que debe trabajar en su angustia exponiéndose con tanta frecuencia como sea posible a aquello de lo que tiene miedo. Eso sería el tratamiento adecuado para una persona más fuerte. Pero, para un altamente sensible, el problema puede ser mucho más complejo. Quizás hay demasiado ruido y caos en el comedor para que le parezca que es acogedor estar allí. Tal vez la conversación en torno a la mesa es demasiado superficial para que pueda despertar un interés natural en él. Muchos se recriminan si no disfrutan y no participan en la conversación. Incluso llegan a fingir que se involucran y que les parece agradable; intentan ser lo que no son, y eso les causa angustia.

Algunos altamente sensibles prefieren comer su almuerzo en un parque verde en las cercanías de su lugar de trabajo. Muchos optan por quedarse en la oficina y tomar su comida allí, antes que bajar al comedor. Esto puede crearles algún problema, pero para muchos es la mejor solución, al menos unos días a la semana.

Si conoces este problema y te ves obligado a estar en compañía de tus colegas durante el descanso para almorzar, puedes trabajar para sentirte cómodo estando allí a tu manera. Si puedes aceptar que no aguantas tanta charla sobre temas triviales, y lo pasas bien tan sólo estando sentado y callado, vas por buen camino. Si sueles esforzarte para pensar en algo que decir, dejar de hacerlo sólo puede ser un alivio que te dará más energía.

Como persona altamente sensible, ante todo necesitas gustarte a ti mismo tal como eres. Y luego necesitas organizar tu entorno para que se vuelva menos estimulante y más en línea con tus necesidades.

Con todo esto, muchos de los problemas se resolverán por sí mismos, te volverás mucho más eficiente y tendrás más ganas y energía para socializar.

Otros problemas pueden ser causa de un sistema nervioso sensible

Hay ventajas en comprender e identificarse con el rasgo de carácter altamente sensible. Pero también hay algo de lo que se debe tener cuidado.

Y es que puede haber otras razones de un sistema nervioso sensible. Si has estado expuesto a un trauma y has desarrollado síndrome de estrés postraumático[2], estarás delicado e inquieto de un modo que se parece al rasgo de carácter altamente sensible. Si en esa situación te identificas con ser altamente sensible, quizás no consigas buscar el tratamiento que necesitas. Lo mismo se puede aplicar a otras dolencias psíquicas. Puedes fácilmente tanto ser altamente sensible como tener una dolencia psíquica.

2. Una dolencia psíquica causada por un trauma violento. *(N. del T.)*

Es importante que no rechaces recibir tratamiento para tu dolencia psíquica, aunque también seas altamente sensible.

Evitar el dolor también puede hacer a una persona inquieta y delicada. Tuve un cliente, llamémosle Jens, que sufría de grandes preocupaciones al borde de una ansiedad severa cuando su esposa se fue de casa. Había probado tanto terapia cognitiva como medicina con efectos limitados. Resultó que cuando él tenía cuatro años, perdió a su abuela. Perder a los abuelos es una experiencia que la mayoría hemos vivido, y él no había pensado que eso debería haber sido algo especial.

Cuando empecé a preguntar por ello, resultó que los abuelos habían convivido con los padres, y que la madre trabajaba fuera de casa, y había sido una persona muy eficaz y ocupada, a la que le costaba la cercanía. Fue, en realidad, la abuela quien había atendido a Jens, y fue su cuidadora principal y su vinculación más fuerte. Cuando murió la abuela, la familia había procurado, con la mejor intención, «mirar por» Jens. Así pues, no asistió al entierro, y nadie habló con él de ello.

Cuando le pedí a Jens que le escribiera una carta de despedida a su abuela, la pena creció, y después de un largo período de duelo, se volvió mucho más fuerte de lo que recordaba haber sido antes.

Si Jens se hubiera adaptado a ser altamente sensible, quizás no hubiera buscado y recibido la ayuda correcta para deshacerse del dolor evitado.

Si trabajas sobre un trauma infantil, también tú puedes sentirte más fuerte. Y se recomienda que, como persona altamente sensible, no te resignes sólo a vivir con él. Es importante que estés atento a si puede haber traumas que quieres dejar atrás trabajándolos en una terapia.

Recordemos que no es lo uno o lo otro. Puedes fácilmente tanto ser altamente sensible como tener una dolencia psíquica.

Y puedes beneficiarte al organizar tu vida de acuerdo con lo que es bueno para un paciente altamente sensible y al mismo tiempo recibir tratamiento para la dolencia psíquica.

Puede ser, por ejemplo, un trauma de guerra, una violación, un robo o la vivencia de la muerte de otra persona. Si se tiene síndrome de estrés postraumático, se estará hipervigilante y se tendrá un sistema nervioso muy delicado. Una de las características del síndrome de estrés postraumático es que se tienen *flashbacks* (recuerdos importunos de la situación traumática que emergen en la conciencia del afectado, aunque trate de evitarlo). El síndrome de estrés postraumático se puede curar, y es importante que se busque la ayuda pertinente.

Capítulo 9

Desarrollo y crecimiento

Los altamente sensibles en la psicoterapia

Las personas sensibles pueden sacar gran provecho de la psicoterapia. Por lo general, son escrupulosos con sus deberes y reflexionan profundamente sobre cada una de las conversaciones. Los clientes que no piensan de vez en cuando en lo que han estado hablando con el terapeuta necesitan intervalos cortos entre cada terapia para que el proceso no se detenga. Sólo en contadas ocasiones he conocido a algún cliente altamente sensible que no reflexionara sobre nuestras conversaciones entre una sesión y otra. Por tanto, no hace falta que vengan tan a menudo. Ellos mismos pueden mantener bien el proceso.

Con los altamente sensibles, tengo a veces el problema de que el proceso llega a ir demasiado deprisa, de tal modo que la persona misma no puede lograr seguir el ritmo y se abruma. Mi tarea aquí es procurar que todo no vaya demasiado rápido. Algunas veces me contento sólo con repetir lo que le he oído decir al cliente. Oír mi repetición desencadenará en seguida nuevas reflexiones en un altamente sensible, y así adelanta un poco más. A veces nada más les hace falta mi amable atención. Luego trabajan ellos mismos.

Antes de que un cliente se presente en mi consulta, me he forjado algunas ideas sobre cuál puede ser el objetivo de la próxima conversación.

Cuando el cliente es altamente sensible, esta preparación es difícil. Experimento una vez tras otra que la propia persona en cuestión ha pensado tanto sobre nuestra conversación desde la última vez que el objetivo en que yo había pensado como una posibilidad ya está alcanzado, y entonces el cliente está en un lugar totalmente distinto.

El objetivo final de la psicoterapia para un altamente sensible es, con frecuencia, aumentar el amor a sí mismo, ya que muchos de ellos tienen una baja autoestima que compensan imponiéndose exigencias demasiado elevadas para sí mismos. De este modo, llegan a atascarse en un círculo vicioso. Las elevadas exigencias hacen que, una vez tras otra, se queden cortos, y eso repercute negativamente en el sentimiento de su propia dignidad. Por lo general, trabajamos con normas de conducta y con la imagen de sí mismos.

Amor a sí mismo. Apoyarse a sí mismo

Si eres una persona sensible, a veces te encontrarás en situaciones en las que aquellos con los que estás son incapaces de entender cómo es ser tú. Quizás sólo piensan que deberías aprender a ser como la mayoría de los demás. Aquí es importante que puedas respaldarte a ti mismo. Si eres bueno en eso, en realidad puedes pasarlo bien en situaciones donde todos los demás opinan que estás equivocado.

«En mi familia, todos están de acuerdo en que era una lástima que no participara en las bodas de oro de mis abuelos. Pero sé que a veces mis recursos son limitados, y, considerando eso, realmente hago un gran esfuerzo. Así que me alabo a mí mismo».

Rasmus, 32 años

Algunas personas se hablan a sí mismas de una manera que denota poco aprecio. A menudo ni siquiera se dan cuenta de lo malo que es eso. Quizás se han hablado de esa manera a sí mismas hasta donde pueden recordar, y no han pensado en absoluto que se puede hacer de manera diferente.

Una clienta descubrió, mientras conversaba conmigo, que cada vez que se pone nerviosa, habla enfadada consigo misma. Dice, por ejemplo: «¡Pero esfuérzate!» o «¡Relájate entonces!». A continuación hay una breve secuencia de nuestra siguiente conversación:

Terapeuta: «Y si fuera tu hermana menor quien estuviera nerviosa, ¿entonces le dirías lo mismo a ella?».
Clienta: «¡Pues no! Ni se me ocurriría».
T: «¿Qué le dirías?».
C (reflexiona): «Probablemente le preguntaría si hay algo que yo pueda hacer para que le resulte más fácil».

Por lo general, un deber consecutivo será, después de esto, ir a casa y escribir una carta cariñosa a la imaginada hermana nerviosa. No una carta que la hermana deba ver, sino una carta que se llevará consigo y se leerá en voz alta en la siguiente terapia.

Si descubres que hay situaciones que te sorprenden, puede ser una buena idea estar preparado para la próxima vez que suceda. Imagínate la situación ahora. Supongamos que te hablas despectivamente a ti mismo cuando has cometido un error. Imagínate entonces a ti mismo que acabas de cometer un fallo. Debes verte a ti mismo desde fuera ante tu mirada interior en la situación imaginada. Luego prueba a decirte algo cariñoso a ti mismo. Escríbete una carta afectuosa, que será adecuado que leas en el instante en que cometas un error. Pon la carta en tu monedero o en tu bolso de modo que siempre la tengas contigo. Búscala y léela cada vez que cometas un error. Un ejemplo de dicha carta puede ser ésta:

> Querida Sussie:
> Tienes derecho a cometer errores. Todas las personas lo hacen de vez en cuando. Sé que no cometiste el error para molestar a nadie, y nadie tiene permiso para molestarte a causa del error. Sé lo cuidadosa que eres normalmente, y cuánto haces para contentar a todos. Estoy segura de que has hecho todo lo posible.
>
> Eso está muy bien, dulce Sussie. No se puede exigir más de nadie. Date una palmadita en el hombro y deja por un instante que tu atención vaya hacia dentro. Nota cuánto vales.
> Abrazos:
>
> Sussie

Cuando Sussie me leyó la carta, lloró. Creo que se dio cuenta de lo mucho que extraña que le hablen de esa manera. Ahora está en el proceso de darse algo que no recibió cuando era niña.

Si te cuesta hablarte o escribirte cariñosamente a ti mismo, entonces imagina, en tu lugar, a una persona querida que está en tu situación. Puedes cambiar su nombre por el tuyo.

Lleva tiempo cambiar los hábitos arraigados. Si te has hablado mal a ti mismo durante treinta años, no puedes dejar de hacerlo de un día para otro. Exige mucha práctica, trabajo duro y perseverancia. Pero poco a poco los nuevos hábitos adquirirán cada vez más poder y los viejos lentamente se marchitarán y desvanecerán.

Aquí se gana mucha energía. Es tan poco saludable y estresante para tu sistema nervioso cuando te hablas mal a ti mismo como cuando los demás lo hacen. Por lo tanto, aprovecha cada oportunidad para practicar el reconocimiento de ti mismo.

Aquí tienes un ejemplo de cómo puede surtir efecto el apoyo a uno mismo:

> «Una noche, mi hermana me llamó por teléfono y me reprendió porque pensaba que yo hacía muy poco por nuestra madre. Si hubiera sido antes, me habría costado una noche de insomnio con gran desesperación. Esta vez me dije a mí misma: "Dulce Anna, sé que estás haciendo lo mejor que puedes. Está bien". Después me abracé y me quedé dormida».
>
> Anna, 49 años

Cuando llegas a conseguir respaldarte a ti mismo, siempre tienes al menos a una persona cerca que está preparada para reconocer tu esfuerzo, incluso cuando a veces no parece que tu esfuerzo haya sido muy grande.

Tener compasión consigo mismo

Algunas personas no creen que esté bien tener compasión consigo mismas. Cuando en una terapia estoy sentada y hablando con una persona sobre alguna situación de su infancia, le puedo preguntar, por ejemplo: «Cuando ahora ves al niño pequeño ante tus ojos, el niño que tú mismo fuiste una vez, ¿qué sientes?».

La respuesta suele ser: «Me da lástima», y al momento, dice: «Eso no se debe decir».

De hecho, me alegro de oír que ella puede notar lo mucho que lo sintió. Lo veo como amor a sí misma que despierta, y de eso, la mayoría de los que van a buscar psicoterapia tienen demasiado poco.

Uno se puede identificar fácilmente y de un modo malsano con alguien que da lástima. Imagínate una mujer que cada vez que está en compañía de otros, entona la misma lamentación quejosa, que luego repite una y otra vez. Pero su problema no es que tenga demasiada compasión por ella misma.

Es muy probable que ella no tenga en absoluto ningún contacto con el amor a sí misma. Por esa razón lo pasa tan mal. Bajo su estrategia de víctima, subyace seguramente una ira muy grande que oculta una pena enorme. El día que se atreva a notar esa pena en profundidad, a advertir lo mal que lo pasa en realidad y a darse compasión a sí misma, ya no le hará falta contar la misma historia una y otra vez.

A veces les pido a los clientes que se abracen a sí mismos o que simplemente se den palmaditas en el hombro. Con frecuencia no están muy a favor de ello. Algunos empiezan a llorar cuando lo hacen, porque notan cuánto echan de menos un contacto cariñoso. Cuando acaban de llorar, sienten que han mejorado y que han aprendido algo nuevo que es enormemente útil.

Reconciliación

Puede ser difícil tener que verse a sí mismo como alguien que es molesto para otros, en especial si se tienen normas de conducta que precisamente prohíben esto o criterios muy altos sobre lo cómodo que creen que debería resultar estar en su compañía. Como altamente sensibles, algunas veces tenemos que pedir a los demás que se limiten.

«No me gusta nada subir a casa de mi vecino de arriba y pedirle que baje el ruido. Y aunque intento sonreír y ser amable, estoy segura de que se me nota enfadada. Y es que me pongo muy negativa al oír ruidos que no me gustan. Afortunadamente, él lo acepta bastante bien».

Helle, 57 años

Reconciliarse consigo mismo es también aceptar ser molesto para otros. La autorreconciliación es una tarea para toda la vida, no sólo para los altamente sensibles, sino para todas las personas.

De jóvenes nos hacemos muchas ideas sobre cómo nos gustaría vivir nuestra vida. Pero a medida que crecemos y descubrimos lo complicada que es la vida y el poco poder que en realidad tenemos sobre ella, debemos enfrentar el hecho de que hay que abandonar algunos de los sueños con los que partimos. Y hay una parte de las ideas sobre lo bien que lo haríamos que hasta nos da vergüenza.

Aquí es importante usar los dotes de empatía para consigo mismo. Poder decirse a sí mismo, por ejemplo: «Me gustaría haberlo hecho mejor», o «Quedó como quedó, y así está bien». Sobreentendiendo: «¡Es lo suficientemente bueno como para que me siga gustando!».

La alegría de llegar a ser uno mismo

Llegar a ser consciente uno mismo de que es altamente sensible supone para muchos una gran diferencia. De repente, ser distinto parece aterrador y hasta prohibido. Es posible que conozcas a otros que se enfrentan a los mismos dilemas. Aquellos de los participantes en mis cursos que han tenido más valor para ser ellos mismos se convierten a menudo en modelos para los otros. El valor para ser uno mismo es contagioso.

> «Ahora he empezado a permitirme a mí misma ir al ritmo que siento natural para mí, aunque sea lento. Siempre intentaba ir más deprisa. He dejado de hacerlo. Ahora tardo así un poco más en llegar a mi destino, pero es mejor para mi cuerpo».
>
> Lisa, 28 años

El rasgo de carácter sensible no se puede eliminar con ningún tratamiento. Continuaremos necesitando hacer pausas y cuidar mejor de nosotros mismos de lo que les hace falta a los demás. Pero cuanto más lleguemos a descansar, menos energía consumiremos fuera de nosotros y más fuertes nos volveremos.

En algunos aspectos, los altamente sensibles lo tienen más difícil que los demás. En otros aspectos, en cambio, llegamos a ser más competentes. Un estudio con simios demostró que las crías de simios que reaccionaban más que otras (simios sensibles) no prosperaban bien como adultos si eran criadas por madres simias inquietas. Pero si eran colocadas con una madre tranquila, se convertían, de adultos, en líderes de la manada (Suomi, 1987).

Si tu infancia no fue la mejor, si no has vivido una vinculación suficientemente segura y, por tanto, ahora tienes problemas, la batalla no está perdida para siempre. Se pueden cicatrizar viejas heridas, y puedes aprender a darte a ti mismo el amor que te faltó en la infancia. Cuando lo has aprendido, tienes las mejores condiciones previas para poder darlo también y recibirlo de otros.

Capítulo 10

Investigación en sensibilidad especial

Fuerte reacción a las impresiones

Incluso los bebés recién nacidos responden de formas diferentes a las impresiones. Si se les da agua a través de una pajita y, de repente, cambia el grado de dulzor del agua, algunos de los bebés continúan succionando con tranquilidad, mientras que otros reaccionarán intensamente. Un estudio demostró que los bebés que reaccionaban con más fuerza a esta modificación, dos años después eran más tímidos y prudentes que los otros (LaGasse, 1989).

Este estudio lo menciona el psicólogo e investigador americano Jerome Kagan en su libro: *The Long Shadow of Temperament* (La larga sombra del temperamento).

En ese libro también describe su propia investigación sobre la herencia y el temperamento. Jerome Kagan sometió a prueba a quinientos bebés de cuatro meses de edad y descubrió que aproximadamente uno de cada cinco reaccionaba distinto que los demás. Al principio, llamó a estos bebés «niños inhibidos» porque eran más vigilantes y cautelosos que los demás.

Más tarde, cambió la denominación a «niños que reaccionan intensamente».

Que un niño reaccione intensamente significa, en el sentido de Kagan, que cuando se expone al niño a nuevas impresiones, se puede registrar una mayor excitación interior. Entre otras cosas, se les mostró a los bebés un globo que reventaba, movimientos desconocidos de colores, y a su madre mirándolos y sonriendo, pero sin que les dijera ni una sola palabra. Cuatro de cada cinco niños que fueron expuestos a estas experiencias permanecieron tranquilos y relajados, mientras que uno de cada cinco gritó y agitó sus brazos.

Jerome Kagan reunió de nuevo a muchos de esos niños cuando tenían dos, cuatro, siete y once años, y cada vez descubrió que los niños que reaccionan intensamente se distinguían más tarde al responder con más fuerza ante las nuevas impresiones.

La expresión «que reaccionan intensamente» no se tiene que confundir con que «reaccionan hacia fuera», que es algo totalmente distinto. Se trata más bien de una reacción o movimiento interior. Bien es verdad que los bebés que reaccionan intensamente gritan más y hacen aspavientos si sucede algo nuevo a su alrededor, pero a medida que crecen, es posible que no se vea la poderosa reacción interna del niño. Lo que se ve desde fuera puede ser que el niño se ponga detrás de su padre o su madre cuando llegan extraños. Los bebés que gritaban y hacían aspavientos no son, por consiguiente, los que se convierten en los adolescentes más ruidosos. Al contrario, probablemente se transformen en personas tranquilas y reservadas que reflexionan más sobre la vida que los de su misma edad.

La psicóloga e investigadora americana Elaine Aron basa en gran medida su investigación en estudios de otras personas. Ella cree que los niños que reaccionan intensamente definidos por Kagan, en realidad, son niños altamente sensibles.

Desde entonces ella misma ha investigado sobre la reacción de adultos altamente sensibles a diferentes impresiones colocándolos en un escáner cerebral. Los resultados de su investigación fueron publicados en 2014 en la revista científica internacional «Brain and Behavior» (Cerebro y conducta):

> Dieciocho personas fueron escaneadas mientras miraban fotografías de rostros que estaban alegres o tristes. Eran fotografías tanto de extraños como del cónyuge de esa persona. Resultó que las zonas del cerebro que se asocian con la empatía, incluido el sistema neuronal especular,[3] eran significativamente más activas en personas altamente sensibles que en las otras personas del experimento. La actividad más grande se pudo ver cuando una persona altamente sensible vio una fotografía de su cónyuge, y éste sonreía. Los sentimientos de otras personas –tanto positivos como negativos– desencadenan más actividad en las personas altamente sensibles que en las demás.

Aunque el número de personas del experimento no es grande, estoy convencida de que el resultado demuestra algo importante. Tiene mucho sentido y está muy en línea con mis propias experiencias con PAS. Me complace especialmente que la reacción en el cerebro sensible sea mayor cuando ven que su pareja es feliz. Esto contradice la tendencia a pensar que las personas altamente sensibles reaccionan con intensidad sólo a los peligros o situaciones extrañas. Responden también más intensamente a experiencias positivas, lo cual subraya este estudio.

3. El sistema neuronal especular, que fue descubierto en los años noventa, nos hace capaces de percibir y reflejar los sentimientos de otras personas exactamente igual que si fueran los nuestros.

Una nueva terminología

La expresión «personas altamente sensibles» es una nueva terminología para referirse a las personas que en otro tiempo fueron descritas con palabras como, por ejemplo, ansiosas, tímidas, neuróticas o, peor aún, a aquellas de las que, cuando yo era una niña, decían que estaban mal de los nervios.

Se tiende a ver a las personas muy extrovertidas y fuertes como más sanas y más admirables que las personas tranquilas, reservadas y reflexivas que suelen ser los PAS. Dentro de la psicología, también se puede ver esta tendencia, de la cual es un buen ejemplo lo siguiente:

El modelo de cinco factores para la personalidad es hoy el modelo más dominante dentro de la psicología de la personalidad. Describe la personalidad de un ser humano a partir de cinco factores diferentes (neurosis, extroversión, apertura, amabilidad y escrupulosidad). La extroversión se describe con los siguientes vocablos: calidez, ganas de compañía, dominación, actividad, búsqueda de entusiasmo y emociones positivas. ¿Y cómo crees que se describe la introversión? ¡Simplemente como ausencia de extroversión! Es muy probable que quienes han inventado este modo de describir los tipos de caracteres sean personas extrovertidas y fuertes. El modelo pasa por alto las características únicas, como la rica vida interior y la reflexión profunda, que son típicas tanto de la persona introvertida como de la altamente sensible.[4]

Así no es de extrañar que muchas personas introvertidas y sensibles padezcan baja autoestima.

4. Hay un 30 % de los altamente sensibles que son extrovertidos socialmente, pero incluso éstos podrán reconocerse en algún sentido como introvertidos, *véase* el Capítulo 1. Esto es sólo un ejemplo de que la realidad puede describirse de maneras muy diferentes. Gracias a Elaine Aron por ofrecer una visión alternativa.

El modo en el que se describen y valoran las diferentes cualidades humanas en cada época y cultura tiene gran importancia.

Elaine Aron ha descrito a la persona altamente sensible como alguien con una compleja composición de diferentes cualidades: delicada sensorialmente, concienzuda, creativa, inspirada, influenciable, empática, etc. Estos rasgos pueden causar dificultades en la vida y/o convertirse en una fuente de, por ejemplo, creatividad, empatía y reflexión.

Ella creó una descripción de un tipo de personalidad en la que la gente altamente sensible puede verse reflejada y en la que podemos encontrar una nueva versión sobre nosotros, que no se centra exclusivamente en que tenemos miedo o en que nos pasa algo malo, sino que también consiste en pertenecer a un grupo que siente la alegría con más profundidad y que, además, tiene algunos talentos especiales.

Herencia y entorno

La nueva descripción de este tipo de personalidad no ha surgido por arte de magia. Muchas entrevistas han servido de base para ella, y la experiencia de Elaine Aron de muchos años como terapeuta hace que sea tan acertada.

No cabe duda de que nacemos con diferentes rasgos de personalidad. Ahora hay tanta investigación que lo corrobora que se ha convertido en un hecho difícil de contradecir. En este sentido quiero resaltar los estudios de gemelos monocigóticos que han tenido lugar en la Universidad de Minnesota desde 1979 y que demuestran que las cualidades congénitas en muchos casos significan más para la personalidad que los años de infancia y adolescencia.

El psicólogo y catedrático americano Stephen J. Suomi encontró, además, que las crías de simios tenían a menudo rasgos de personalidad parecidos a sus padres a los que jamás habían conocido.

Aunque en el transcurso de las últimas décadas se ha comprobado que la herencia significa mucho más de lo que se creía, eso no quiere decir que el entorno no tenga ninguna influencia. Es, en alto grado, el entorno el que decide si la sensibilidad se convierte predominantemente en una fragilidad o en un recurso.

Resultados de pruebas

No hay duda de que algunas personas nacen con genes más sensibles que otras. Tampoco se puede dudar de que la sensibilidad, bajo las circunstancias correctas, es o puede convertirse en una ventaja.

En cambio, sí puede ponerse en tela de juicio que sea exactamente entre el 15 % y el 20 % la proporción de personas altamente sensibles. Pero ¿y el estudio de Jerome Kagan de los quinientos bebés de los que más o menos uno de cada cinco reaccionaba con más intensidad que los otros? ¿No prueba esto precisamente que se trata de uno de cada cinco? Por desgracia, no es tan sencillo, porque las madres de los bebés a los que Kagan sometió a prueba fueron reclutadas de forma exclusiva entre mujeres de clase media, de las cuales la mayoría tenía estudios secundarios. Además, fueron excluidas las mujeres que tuvieron problemas durante el embarazo o el parto. Si hubiera sometido a prueba a una muestra aleatoria de la población, quizás habría sido distinto el porcentaje de niños que reaccionan con intensidad.

Elaine Aron llegó a la conclusión de ese porcentaje de entre el 15 % y el 20 % haciendo que miles de norteamericanos respondieran a un cuestionario, pero el problema es que las entrevistas de Aron se basaban exclusivamente en autoevaluaciones, es decir, en lo que la gente contaba sobre sí misma. No hay ninguna medición objetiva, por ejemplo, de la conducta de los encuestados. Y nadie preguntó a sus parientes si a ellos también les parecía que son reflexivos y empáticos, por lo que bien podría ser un resultado sesgado. Algunas personas marcan en seguida con una gran cruz todo lo que conciben como cualidades positivas. Otras son más modestas y tienen miedo de llegar a pensar demasiado positivamente de sí mismas: «¿También ahora soy reflexivo?», pueden preguntarse, y les vienen entonces a la memoria situaciones en las que al estar sobreestimulados, descuidaron las necesidades de todos los demás para alejarse de la situación lo antes posible.

Elaine Aron desarrolló su test a partir de entrevistas con norteamericanos. Con daneses, el test funciona de diferente forma que con americanos. Creo que las mujeres danesas, en particular, son tan positivas sobre el hecho de ser altamente sensibles que muchas más de una de cada cinco dirían que sí al menos a doce de los criterios de Elaine Aron,[5] los cuales algunos son tan poco específicos que la respuesta depende mucho de qué imagen se ve interiormente cuando se leen.

Basado en la investigación en esta área, así como en mis propias experiencias como psicoterapeuta para personas altamente sensibles, he desarrollado mi propio test. Desde que fue publicado en 2010, ha sido usado por muchos PAS en toda Escandinavia. Pero, igual que el de Elaine Aron, se basa tam-

5. Elaine Aron preparó un cuestionario que está disponible en varias versiones. La más conocida es su autoevaluación, que se encuentra en su libro *El don de la sensibilidad*. Contiene 22 preguntas, de las que se debe responder afirmativamente a 12 o más para considerarse altamente sensibles. El test se puede encontrar en diversos sitios en Internet.

bién en exclusiva en las propias declaraciones de las personas sometidas al test.

Seguramente en algún momento se harán otros test más precisos que no se basen sólo en autoevaluaciones, y entonces puede resultar que haya más o menos del 15 % al 20 % de personas que sean altamente sensibles. Por otra parte, no creo que el número esté totalmente equivocado.

El psiquiatra suizo y fundador de la psicología analítica C. G. Jung opinaba que una de cada cuatro personas es introvertida, y, en cierto sentido, introvertido y altamente sensible es lo mismo. Y no cabe duda de que los PAS constituyen una minoría. De no ser así, no tendríamos tantas evidencias de ser distintos.

Antes de que yo llegara a ser conocida como terapeuta de altamente sensibles, sometí a evaluación en un pequeño estudio mío con las 23 preguntas de Aron a todos los clientes que tuve durante dos semanas, en total aproximadamente 24. El estudio demostró que la mitad de mis clientes eran altamente sensibles. Tiene sentido que la proporción de los PAS en psicoterapia sea más grande que en la población en general. Puede haber tres razones para ello:

- Los altamente sensibles tienen con más facilidad problemas a causa de su sistema nervioso sensible.
- Los PAS están bajo presión en una cultura donde se cotizan más la fortaleza y la extroversión sin límites.
- Cuando tienen problemas, los altamente sensibles son menos propensos a esconderlos. En parte porque su umbral de dolor es más bajo que el de los otros, y en parte porque por lo general profundizan más en todo y les gusta reflexionar sobre sí mismos.

Epílogo

Un regalo para los altamente sensibles

Muchas personas oyen hablar de este rasgo de carácter, asienten con la cabeza y quizás lloran en el momento de reconocerse como tales. Algunas veces también durante mucho tiempo después. Muchas cuentan que entran en un período de gran fatiga. Creo que eso les da energía para notar lo duro que ha sido sentirse tan equivocadas como generalmente han hecho toda su vida. Al mismo tiempo, se reafirman y encuentran un valor mucho mayor para ser ellas mismas.

> «Después de que he llegado a ser consciente de mí misma como altamente sensible, he empezado poco a poco a atreverme a decir algo en el descanso para almorzar. Me voy convirtiendo cada vez más en parte de la comunidad con los otros compañeros».
>
> Maja, 38 años

Cuando pregunto a mis alumnos qué han sacado en claro de seguir un curso para PAS, hay una respuesta que se repite. Se sienten menos equivocados. La mayoría se da cuenta de que durante gran parte de su vida se sintieron diferentes, y se forjaban muchas ideas equivocadas sobre el pensamiento de que podían ser molestos.

> «Estaba a punto de suicidarme. No me parecía en absoluto que valiera o encajara en ningún sitio. Cuando oí hablar del rasgo de carácter altamente sensible y me reconocí a mí misma como tal, sentí de repente que podía verme con un enfoque mejor. Entonces todo empezó a cambiar de rumbo».
>
> Dorthe, 52 años

La atención sobre el rasgo de carácter sensible contribuye a ampliar nuestro concepto de normalidad. Ya no hay sólo un tipo de persona perfecta, que son las fuertes, extrovertidas, enérgicas y que prosperan con la presión de las prisas, las multitareas y las oficinas de grandes espacios.

El nuevo enfoque en el hecho de que en realidad hay dos tipos muy diferentes dentro de la misma especie –perfectos cada uno a su manera– hace que nosotros, a los que nos cuesta seguir el ritmo de las prisas, podamos identificarnos no sólo con ser sensibles, sino también con tener algunos talentos que el mundo necesita. No somos sólo aquellos que no pueden. Tenemos algunos recursos sin los cuales nuestra especie no podría sobrevivir.

Con este modo de pensar, se vuelve de repente mucho más lícito tener un sistema nervioso de alta precisión. Está bien decir «No, gracias» a acompañar al cine para ver una película de terror. También se puede decir «No, gracias» a excursiones de un día entero, e irse pronto de una fiesta si se está sobreestimulado.

«Ahora puedo comprender por qué mi vida es así y por qué pienso de este modo. Es un enorme alivio y liberación saber que "sólo" soy sensible, y que no soy débil ni me estoy volviendo loca. Eso me ha dado una gran libertad para poner las cosas en su sitio. Y ahora puedo vivir mucho mejor en mi mundo sin tener mala conciencia por verme obligada a renunciar a varias cosas».

Lisa, 30 años

Lo que los altamente sensibles siempre han hecho a escondidas y con muchas disculpas, ahora se puede hablar abiertamente. Eso es un alivio muy grande para muchas personas, no sólo para los PAS, sino también para ti, que sólo eres vulnerable. Puede ser una buena ocasión para darte a ti mismo permiso para ser tan sensible como eres. La sensibilidad no es un defecto, sino, por el contrario, un enriquecimiento de tu personalidad.

«Después de haber leído sobre los altamente sensibles y comprendido que es por esa razón por la que algunas veces tengo que decir que no a cosas que otros pueden y que los demás esperan que yo también pueda, he dejado de inventar mil excusas cuando me retiro. Ahora digo lo que hay, que estoy sobreestimulada y necesito una pausa».

Susanne, 35 años

Lista de ideas

Ocupaciones que dan placer o bienestar a los PAS y a otras personas vulnerables

Actividades que inspiran:

- Leer libros.
- Escuchar la radio.
- Ir al teatro.
- Ir a conciertos.
- Asistir a conferencias.
- Leer citas profundas y filosofar sobre ellas.

Actividades que requieren que tengas energía para ser extrovertido:

- Disfrutar de un buen contacto con otra persona. Podéis, por ejemplo, intercambiar masajes, compartir vuestras vivencias interiores o disfrutar de estar juntos sin necesidad de hablar.
- Estar con niños/as.

Actividades recomendables para cuando estás sobreestimulado:

Hacer algo bueno para tu cuerpo

- Practicar yoga, pilates o gimnasia.
- Si no soportas salir de casa una tarde a la semana, cuando ya hayas logrado aprenderlo de un instructor, puedes comprar DVDs con programas de ejercicios o sacarlos prestados de la biblioteca y hacer los ejercicios en tu misma casa. Cuando necesites aislarte, puedes desconectar el teléfono, poner un DVD y hacer los ejercicios por tu cuenta.
- Salir a caminar, hacer deporte, montar en bicicleta, practicar gimnasia acuática u otras formas de ejercicio.
- Bailar. Algunos PAS sienten verdadero placer con tan sólo poner música en su casa y dejar que su cuerpo se mueva como lo sientan por dentro. Es, al mismo tiempo, un estupendo modo de hacer ejercicio.
- Darse un baño caliente o un baño de pies.
- Masajearse a sí mismo el rostro, las manos, los pies o el cuerpo con una vela encendida mientras se escucha música, incluso hacerlo al aire libre si es verano.

Estar en la naturaleza

- Plantar algo en el jardín o en el alféizar de la ventana y disfrutar de ver cómo crece.
- Ocuparse de las plantas.
- Trabajar en un jardín.
- Caminar.
- Llevar consigo un saco de dormir y una colchoneta en salidas a la naturaleza, donde haya canto de pájaros, agua que mana o el sonido de las olas. Sentarse y meditar, o

acostarse y echarse una siesta (cómo máximo de media hora, de modo que no te quedes aturdido).

- Comer en un hermoso paisaje. Antes que estar sentados en un restaurante, los altamente sensibles disfrutan en verano de comprar comida y tomársela en la naturaleza. Altera mucho menos que estar sentados bajo techo rodeados de extraños.
- Con saco de dormir, colchoneta y un termo con algo caliente, también se puede disfrutar de la naturaleza en invierno.
- Estar tumbado en una hamaca y alzar la mirada al cielo o a la copa de un árbol.
- Navegar en piragua.
- Coger el paraguas, dar un paseo por la naturaleza mientras llueve y disfrutar del sonido de las gotas que caen sobre el paraguas y de los aromas de la naturaleza, que se intensifican con la lluvia.

Expresarse

- Tocar música, si sabes, o cantar.
- Escribir libros, poemas, cartas o un diario.

Ser creativo

- Componer arreglos florales.
- Hacer cerámica.
- Pintar cuadros.
- Crear esculturas.

Deleitar los sentidos

- Comprar flores fragantes, usar una lámpara de aromas con aceites escogidos a tu gusto.
- Preparar y tomar comida deliciosa.

- Contemplar arte.
- Escuchar música.
- Recoger y limpiar, poner un bonito mantel y disfrutar de lo agradable que se ve.
- Andar sobre tierra caliente o arena con los pies descalzos.
- Dejar que el sol caliente tu cuerpo.

Dar tranquilidad al alma

- Meditar.
- Practicar *mindfulness* o yoga.
- Hacer ejercicios de relajación.
- Evadirse.
- Dejar que fluyan pensamientos y fantasías.
- Encontrar un lugar con unas vistas espectaculares en el que quedarse sentados y reposar la vista en ellas.
- Permanecer sentados y mirar al fuego, especialmente delante de una chimenea o junto a una hoguera en compañía, por ejemplo, de un gato que ronronea.

Disfrutar del trato con animales

- Jugar con un gato.
- Acariciar a un animal.
- Cepillar o montar a un caballo.
- Observar un acuario.
- Dar de comer a los pájaros.
- Pasear a un perro.

¿Cómo eres de sensible?

Ponte a prueba

Tienes cinco opciones de respuesta diferentes. Después de cada enunciado, debes poner una cifra:

0 = No encaja en mí
1 = Encaja un poco en mí
2 = Encaja regular en mí
3 = Encaja casi totalmente en mí
4 = Encaja en mí por completo

1. Me emociono cuando escucho una gran pieza musical. ______

2. Uso más energía que la mayoría de los demás en intentar prever lo que puede salir mal y tomar mis medidas. ______

3. Soy bueno para encontrar nuevas posibilidades. ______

4. Me inspiro fácilmente y tengo buenas ideas. ______

5. Sé que hay algo más entre el cielo y la tierra de lo que podemos oír y ver. ______

6. Tengo un umbral bajo de dolor. ______

7. Experimento a menudo que lo que parece ser un asunto fácil para otros, para mí llega a ser demasiado. ______

8. Necesito tiempo cada día para estar a solas. ______

9. Si debo estar junto a otros durante más de dos o tres horas sin posibilidad de aislarme un poco, con frecuencia me quedo exhausto. ______

10. Cuando flota el conflicto en el aire, me siento tentado de esconderme. ______

11. Me agobia incluso la ira que no va dirigida hacia mí. ______

12. El dolor de otras personas entra profundamente en mi sistema. ______

13. Hago todo lo que puedo para evitar sorpresas desagradables o equivocaciones. ______

14. Soy creativo. ______

15. Algunas veces, las obras de arte me dan alegría. ______

16. Tengo la impresión de que mi umbral de cuántas impresiones puedo tener a la vez es más bajo que para la mayoría de los demás. Por ejemplo, es difícil para mí mantener una conversación mientras navego en Internet en busca de alguna información. ______

17. No me gusta estar en un entorno muy estimulante, como parques de atracciones, centros comerciales o eventos deportivos. ______

18. Si veo imágenes de violencia en la televisión, puede afectarme durante varios días. ______

19. Reflexiono más sobre las cosas que la mayoría de los demás. ______

20. Tengo una buena intuición para saber cómo lo pasan los animales y las plantas. ______

21. Cuando veo un hermoso paisaje, me lleno de alegría interior. ______

22. Tengo antenas para percibir cómo lo están pasando otras personas. ______

23. Tengo facilidad para que me entre mala conciencia. ______

24. Me estreso si tengo espectadores en mi trabajo. ______

25. Siento lo que es auténtico y detecto a menudo el juego de otras personas. ______

26. Me asusto fácilmente. ______

27. Puedo ofrecer una presencia intensa y un contacto profundo. ______

28. Me molestan mucho los sonidos que no parecen molestar a la mayoría de los demás. ______

29. Tengo una buena intuición. ______

30. Puedo disfrutar de estar a solas. ______

31. La mayoría de las veces, soy considerado y sólo rara vez actúo de forma rápida y espontánea. ______

32. Los sonidos agudos, los olores fuertes o la luz penetrante pueden molestarme mucho. ______

33. Tengo una mayor necesidad de descansar en paz y tranquilidad que la mayoría de los demás. ______

34. Si tengo hambre o si siento frío, me cuesta abstraerme de ello. ______

35. Lloro con facilidad. ______

Suma total ______

36. Me gusta lanzarme a nuevas experiencias sin haberme preparado. ______

37. Me siento orgulloso de mí mismo cuando siendo rápido y listo, logro imponer mi deseo. ______

38. El trato social no me cansa. Si el ambiente es bueno, puedo disfrutarlo desde la mañana hasta la noche sin que me haga falta retirarme y descansar a solas. ______

39. Los viajes de supervivencia son lo mío. ______

40. Me gusta trabajar bajo presión. ______

41. Me parece que las personas que lo pasan mal la mayoría de las veces se lo han buscado ellas mismas. ______

42. Por lo general soy enérgico y estoy de buen humor, casi con independencia de lo que suceda a mi alrededor. ______

43. Suelo ser de los últimos que se van de una fiesta. ______

44. Acepto las cosas tal y como se presentan y rara vez me preocupo bastante. ______

45. Puedo pasarlo bien un fin de semana, por ejemplo, en una casa rural junto con un grupo de amigos sin que me haga falta retirarme y estar tiempo a solas de vez en cuando. ______

46. Me encanta cuando los amigos y conocidos me sorprenden con una visita inesperada. ______

47. Puedo funcionar bien aunque haya dormido poco tiempo. ______

48. Me gusta tirar petardos. ______

Suma total ______

Los enunciados 1 a 35 constituyen el grupo 1. Suma todas las respuestas del grupo 1. Si, por ejemplo, has contestado 1 a todos los enunciados, la suma total será 35.

Los enunciados 36 a 48 constituyen el grupo 2. Suma todas las respuestas del grupo 2. Si, por ejemplo, has contestado 2 a todos los enunciados, la suma total será 26.

Toma después la suma del grupo 1 y réstale la suma del grupo 2. El resultado será la cifra indicativa de tu sensibilidad.

La cifra estará situada entre -52 y +140. Cuanto más alta sea tu cifra, tanto más sensible eres.

Si tu cifra es 60 o más, posiblemente eres PAS.

Los test siempre se deben tomar con reservas. Si se debe determinar algo sobre una persona a partir de un test, jamás llega a ser exacto. Hay demasiados aspectos que no están incluidos y el resultado puede variar según cómo esté tu estado de ánimo en el momento de hacer el test. Deja que el cuestionario te dé una idea sobre tu sensibilidad y no lo tomes como algo más de lo que es.

Bibliografía

Bibliografía en danés

ARON, E.: *Særligt sensitive mennesker*. Borgen, 2008.

—: *Særligt sensitive børn*. Borgen, 2010.

—: *Særligt sensitive og kærligheden*. Borgen, 2015.

BUBER, M.: *Jeg og du*. Reitzel, 1992.

CAIN, S.: *Ro-styrken ved at være introvert i en højtråbende verden*. Don Max, 2013.

DELSKOV, A. y SONNE, L.: *Sensitive børn*. Aronsen, 2014.

FALK, B.: *At være der, hvor du er*. Nyt Nordisk Forlag Arnold Busk, 1996.

—: *Kærlighedens pris I & II*. Anis, 2005.

—: *I virkeligheden*. Anis, 2006.

GRØNKJÆR, P.: *Forståelse fremmer samtalen*. Gyldendal, 2004.

HART, S.: *Den følsomme hjerne*. Reitzel, 2009.

HOUGAARD, E.: *Kognitiv behandling af panikangst og socialfobi*. Dansk Psykologisk Forlag, 2006.

JUNG, C.G.: *Psykologiske typer*. Gyldendal, 2001.

KARTERUD, S.; WILBERG, T. y URNES, Ø.: *Personlighedspsykiatri*. Akademisk forlag, 2013.

LANEY, M. O.: *Fordelen ved at være indadvendt.* Borgen, 2004.

MØBERG, S.: *Mindfulness for særligt sensitive mennesker.* Møberg, 2010.

ROSENBERG, M. B.: *Ikkevoldelig kommunikation, Girafsprog.* Borgen, 2005.

SAND, I.: *Værktøj til hjælpsomme sjæle - især for særligt sensitive, som hjælper professionelt eller privat.* Ammentorp, 2014.

—: *Kom nærmere - om kærlighed og selvbeskyttelse.* Ammentorp, 2013.

—: *Find nye veje i følelsernes labyrint.* Ammentorp, 2011.

TOUSTRUP, J.: *Autentisk nærvær i psykoterapi og i livet.* Dansk Psykologisk Forlag, 2006.

YALOM, I. D.: *Eksistentiel psykoterapi.* Reitzel, 2000.

ZEFF, T.: *Særligt sensitives guide.* Borgen, 2009.

Bibliografía en inglés y alemán

ARON, E.: *The Highly Sensitive Person's Workbook.* Broadway Books, 2001.

BOYCE, W.T.; CHESNY, M.; ALKON, A; TSCHANN, J.M.; ADAMS, S.; CHESTERMANN, B.; COHEN, F.; KAISER, P.; FOLKMANN, S. y WARA, D.: *Psychobiologic reactivity to stress and childhood respiratory illness: Results of two prospective studies.* Psychosomatic Medicine, 57, 1995.

JAEGER, B.: *Making Work for the highly sensitive person.* McGraw-Hill books, 2004.

JUNG, C.G.: *Vesuch Einer Darstellung Der Psychoanalytischen Theorie.* Rascher & Cie. AG., Zürich, 1955.

KAGAN, J. y SNIDMAN, N.: *The Long Shadow of Temperament.* Belknap Press of Harvard University Press, 2004.

KOCHANSKA, G. y THOMPSON, R.A.: «The emergence and development of conscience in toodlerhood and early Childhood». En J.

E. Grusec y L. Kuczynski (Eds.). *Handbook on parenting and the transmission of values.* New York: Wiley, 1998.

LaGasse, L.; Gruber, C. y Lipsitt, L. P.: *The Infantile expression of avidity in relation to later assessments.* University of Chicago Press, 1989.

Suomi, S. J.: «Genetic and maternal contributions to individual differences in rhesus monkey biobehavioral development». En N.A. Krasnegor, E.M. Blass. M A. Hofer, y W.P. Smotherman (Eds,), *Perinatal development: A Psychobiological perspective.* New York Academic Press, 1987.

Otras obras de la misma autora

Værktøj til hjælpsomme sjæle-især for særligt sensitive, som hjælper professionelt eller privat. (Herramientas para almas empeñadas en ayudar, en particular para los altamente sensibles que ayudan de forma profesional o en privado).

Sobre cómo se pueden usar sencillos instrumentos terapéuticos en conversaciones que ayudan, y cuidarte bien a ti mismo como ayudante. 2014

Kom nærmere – om kærlighed og selvbeskyttelse. (Acércate – sobre amor y autoprotección).

Sobre cómo estrategias inconscientes de autoprotección pueden obstaculizar el curso de las relaciones amorosas, y cómo se pueden suprimir las estrategias a través de la concienciación. 2013

Find nye veje i følelsernes labyrint. (Encuentra nuevos caminos en el laberinto de los sentimientos).

Sobre qué pueden significar los sentimientos y cómo se pueden afrontar. 2011

Cursos y conferencias para los altamente sensibles. Lee más en: www.ilsesand.dk

Índice